쉽게 배우는 뜨개 도안의 기초

니트 사이즈 조정과 대바늘·코바늘 패턴 그리는 법

일본보그사 지음 | 배혜영 옮김

Adjustment
Drawing
Dividing of
Knit & Crochet

Contents

Part 1 | Adjustment
사이즈를 조정하는 법

사이즈 조정이란 ······ p4

원하는 스웨터 사이즈를 파악하자 ······ p6

1 바늘 굵기를 바꿔 사이즈를 조정해보자 ······ p8

2 실의 굵기를 바꿔 사이즈를 조정해보자 ······ p14

3 직선과 사선 부분의 치수를 바꿔 사이즈를 조정해보자 ······ p18

4 품을 넓혀서(좁혀서) 사이즈를 조정해보자 ······ p22

5 어깨너비는 바꾸지 않고 품을 넓혀보자 ······ p26

   사이즈를 조정하는 아이디어 ······ p27

Part 2 | Drawing
손뜨개 작품을 제도하는 법

손뜨개 제도의 기초 ······ p32

보디 원형을 그려보자 ······ p34

스웨터를 제도해보자 ······ p40

스웨터 옷깃을 변형해보자 ······ p44

카디건을 제도해보자 ······ p46

카디건 옷깃을 변형해보자 ······ p50

달라진 원형을 제도해보자 ······ p52

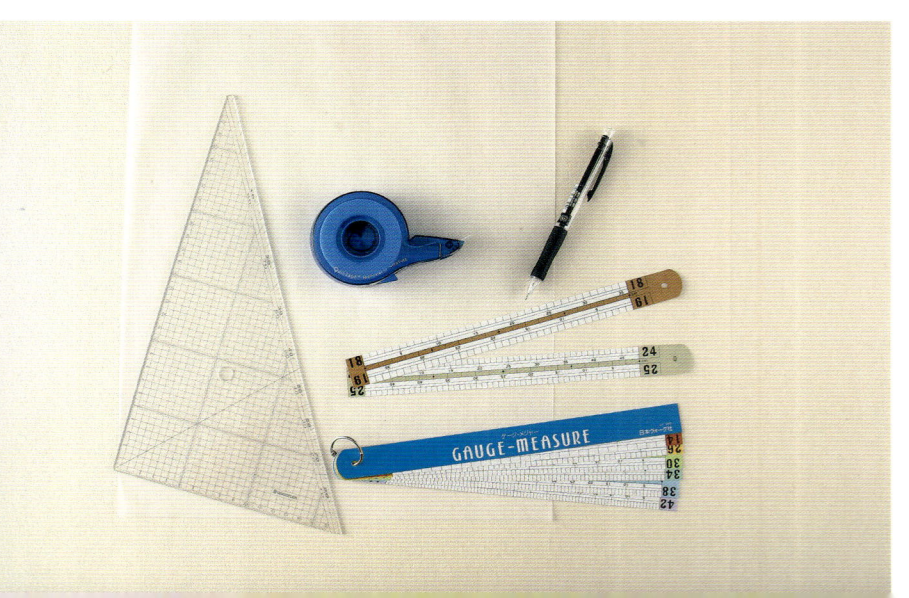

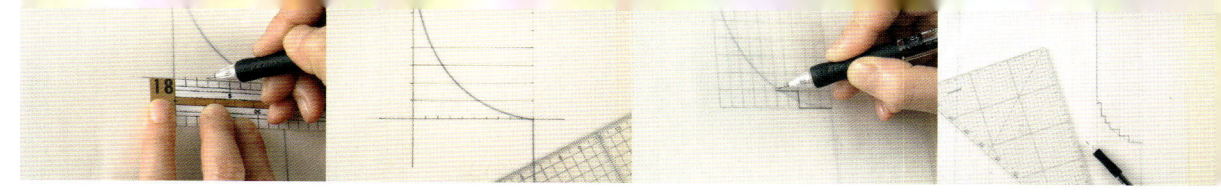

Part 3 | Dividing of Knit
대바늘뜨기 작품을 계산하는 법

대바늘뜨기 작품을 계산해보자······p54

대바늘뜨기의 사선을 계산해보자······p56

대바늘뜨기의 곡선을 계산해보자······p58

뜨개코 그래프로 곡선을 계산해보자······p62

간단하게 하는 고무뜨기의 콧수와 단수 계산법······p64

손뜨개 책의 도안을 자신의 사이즈로 바꿔보자······p67

Q & A······p71

Part 4 | Dividing of Crochet
코바늘뜨기 작품을 계산하는 법

코바늘뜨기 작품을 계산해보자······p72

코바늘뜨기의 곡선을 계산해보자······p76

외워두면 좋은 코바늘뜨기 계산법······p78

코바늘뜨기 계산을 위한 테크닉······p80

코를 주워 테두리뜨기를 해보자······p86

PART 1 사이즈 조정이란

사이즈는 몇 가지 방법으로 조정할 수 있습니다. 뜨개바늘이나 사용하는 실의 굵기를 바꿔서 사이즈를 크게 또는 작게 만드는 방법이 가장 간단합니다. 제도상 직선과 사선 부분의 치수를 바꿀 수도 있습니다. 이 방법은 계산으로 할 수 있으므로 비교적 간단합니다. 치수를 더 크게 바꿀 때 진동 둘레, 목둘레, 소매산의 곡선을 바꿔야 할 수도 있는데, 어느 정도 제도에 관한 지식이 필요합니다. 사이즈를 간단히 조정하는 방법을 설명한 다음 제도와 계산법에 관한 기초를 설명합니다.

간단한 사이즈 조정법

뜨개는 여러 코로 이뤄져 있고, 뜨개코는 뜨개바늘로 뜹니다. 바늘 굵기는 다양하며 사용하는 실의 굵기에 따라 바늘 굵기를 정합니다. 같은 실이라면 바늘 굵기가 굵어지면 코도 커지고, 굵기가 가늘어지면 코는 작아집니다. 가장 먼저 소개할 사이즈 조정법은 이 바늘 굵기를 바꾸면 코의 크기가 달라지는 손뜨개의 특징을 이용하는 방법입니다.

1 바늘 굵기를 바꿔 스웨터 사이즈를 바꾼다

바늘 호수를 1호 바꿀 때마다 코의 크기는 약 5% 커지거나 작아집니다. 스웨터 사이즈로 생각해보면 원래 뜨는 바늘보다 2호 굵은(가는) 바늘을 사용하면 약 10% 커질(작아질) 수 있습니다. 하지만 무한정 바늘 굵기를 바꿀 수는 없습니다. 2호 정도까지가 최대입니다.

2 실 굵기를 바꿔 스웨터 사이즈를 바꾼다

뜨는 실을 원래 작품에 사용한 실보다 굵거나 가늘게 하면 스웨터 크기가 크게 달라집니다. 병태사로 뜨는 여성용 스웨터를 같은 도안으로 극태사로 뜨면 남성용 스웨터가 되고, 합태사로 뜨면 아이용 스웨터가 됩니다. 그러므로 반드시 게이지를 내서 원래 작품의 게이지와 크기 차이를 파악하고 작품을 제작할 필요가 있습니다.

Adjustment | 사이즈를 조정하는 법

바늘이나 실을 바꿔 뜨개바탕을 뜨면

(실물 크기)

합태사
(6호 대바늘)

기본 작품보다
2호 가는 바늘
(8호 대바늘)

기본 작품
(병태사)
(10호 대바늘)

기본 작품보다
2호 굵은 바늘
(12호 대바늘)

극태사
(12호 대바늘)

같은 도안으로 바늘이나 실을 바꿔서 뜬 스웨터의 크기 변화를 비교하면

- 극태사를 사용해 남성 사이즈로
- 기본보다 2호 굵은 바늘로 떠서 여성 L 사이즈로
- 기본 스웨터
- 기본보다 2호 가는 바늘로 떠서 여성 S 사이즈로
- 합태사를 사용해 아이 사이즈로

여성 표준 사이즈가 L 사이즈, S 사이즈, 남성 사이즈, 아이 사이즈로 변해갑니다. 실제로 스웨터를 떠보면 크기 변화를 알 수 있습니다.

원하는 스웨터 사이즈를 파악하자

손뜨개 책에 실린 뜨고 싶은 스웨터가 작거나 클 때, 사이즈를 조정해 어느 정도 크거나 작게 하면 좋을지 자기가 원하는 사이즈를 알 필요가 있습니다. 간단한 방법을 소개합니다. 가지고 있는 스웨터 중에서 여유분과 사이즈가 가장 마음에 드는 옷을 고른 다음 각 부분의 사이즈를 재서 원하는 사이즈의 기준으로 삼습니다.

[사이즈를 재보자]

원하는 사이즈를 알기 위해 마음에 드는 니트에서 측정할 부분입니다.
원하는 사이즈를 파악했으면 구체적인 사이즈 조정법을 알아보기로 합니다.

- ●가슴둘레 실제로는 품의 치수를 잽니다.
- ●옷기장 어깨에서 밑단까지 길이를 잽니다.
- ●어깨너비 한쪽 어깨 끝점에서 다른 쪽 어깨 끝점까지 길이를 잽니다.
- ●소매길이 어깨 끝점에서 소맷부리까지 길이를 잽니다.
- ●화장 옷깃 중심에서 소맷부리까지 길이를 잽니다. 래글런 소매 등에서 어깨너비나 소매길이를 판단하기 어려울 때 잽니다.

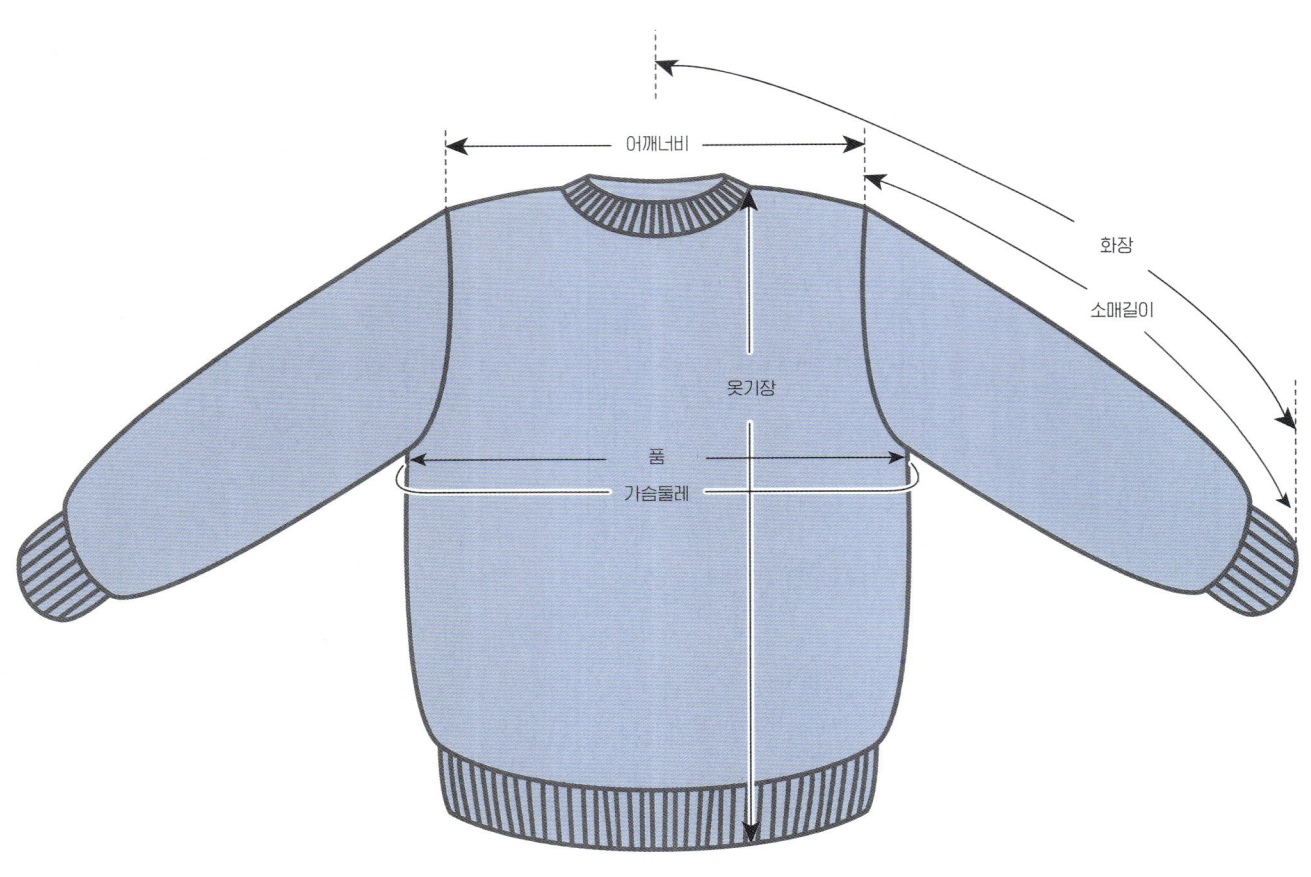

기본 작품

여성 표준 사이즈의 스웨터를 떠봤습니다. 이 스웨터가 지금부터 설명할 사이즈 조정법의 기본 스웨터입니다.

※ 몸판과 소매 모두 시접분 2코를 더했습니다.

● 기본 스웨터 사이즈
가슴둘레 : 92cm(품 46cm)
어깨너비 : 35cm
옷기장 : 53cm
소매길이 : 51cm

게이지(10 × 10cm) : 18코 × 24단
실 : 병태사 약 360g
바늘 : 대바늘 10호, 5호

● 뜨개바탕(실물 크기)

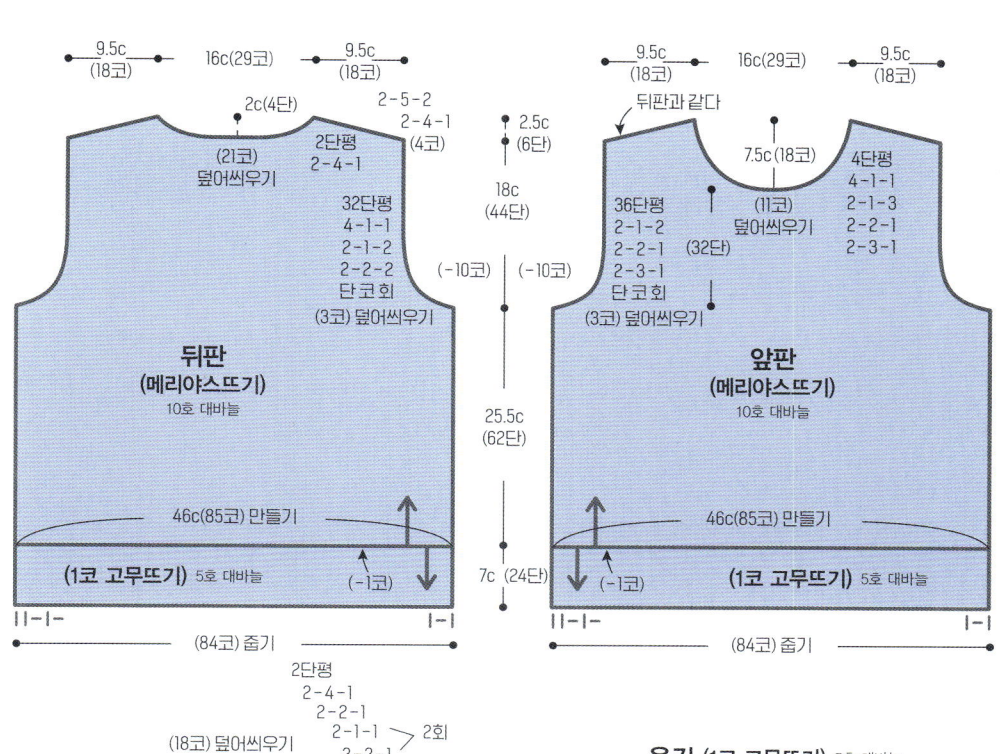

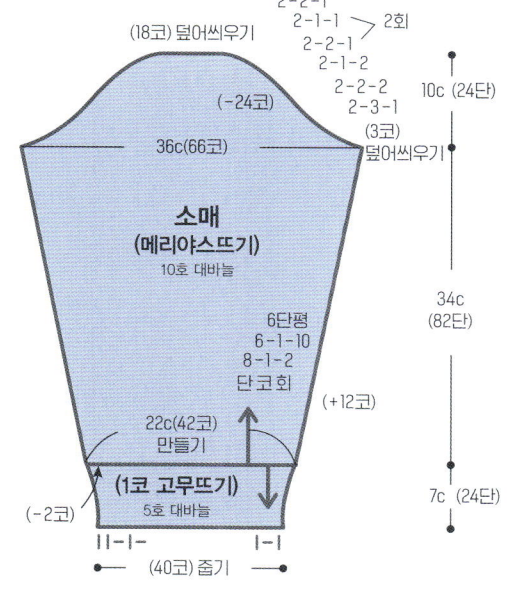

사용한 실(실물 크기)

1. 바늘 굵기를 바꿔 사이즈를 조정해보자

같은 실로 바늘 굵기를 바꿔 뜨면 어느 정도 크기가 바뀔지 테스트해봤습니다. 기본 뜨개바탕을 중심으로 바늘 호수를 1호씩 바꿔서 뜨개바탕 크기를 비교해보겠습니다. 뜨개바탕은 실, 콧수와 단수가 같습니다. 실이나 니터의 장력에 따라 다소 오차는 있지만, 바늘(대바늘)이 1호 굵어지거나 가늘어지면 이론적으로 뜨개코가 약 5% 커지거나 작아집니다. 이것을 기준으로 바늘 굵기를 조정합니다.

※ 너무 굵은 바늘로 뜨면 뜨개바탕이 성겨지고, 너무 가는 바늘로 뜨면 뜨개바탕이 단단해져서 질감이 나빠지므로 조정하는 바늘 굵기는 ±2호까지로 하는 것을 추천합니다.

[바늘을 바꿔서 뜬 뜨개바탕을 가로로 나열해 크기를 비교하면]

2호 가는 바늘 (8호 대바늘) | 1호 가는 바늘 (9호 대바늘) | 기본 뜨개바탕 (10호 대바늘) | 1호 굵은 바늘 (11호 대바늘) | 2호 굵은 바늘 (12호 대바늘)

[바늘을 바꿔서 뜬 뜨개바탕을 겹쳐서 크기 변화를 보면]

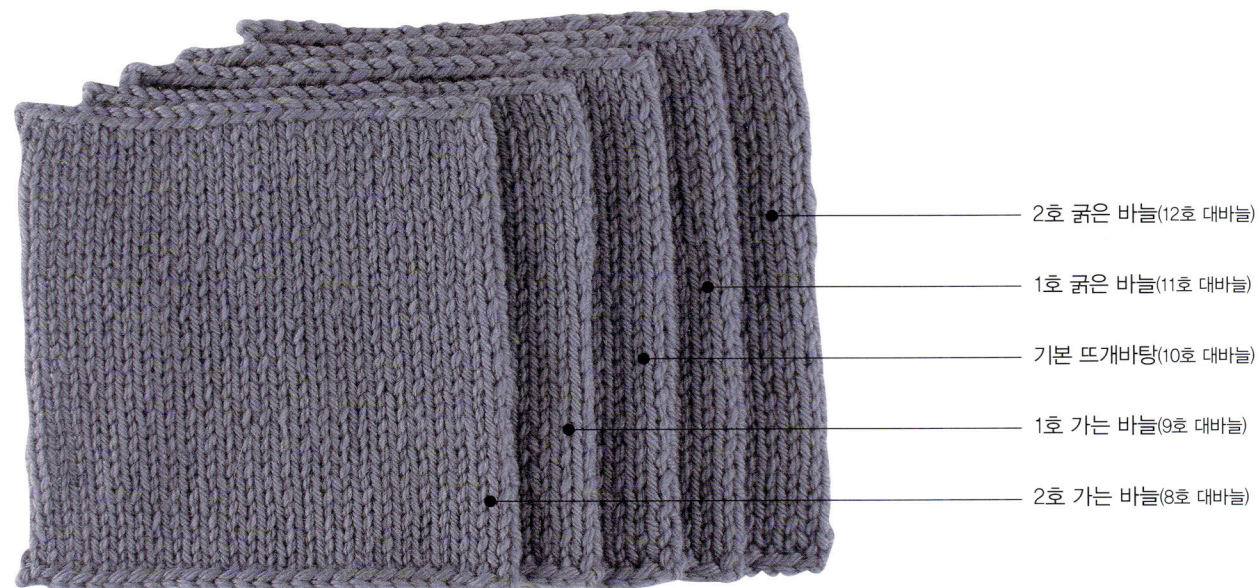

- 2호 굵은 바늘(12호 대바늘)
- 1호 굵은 바늘(11호 대바늘)
- 기본 뜨개바탕(10호 대바늘)
- 1호 가는 바늘(9호 대바늘)
- 2호 가는 바늘(8호 대바늘)

실제로 작품을 떠보면

작품으로 비교해보면 크기 변화를 좀 더 잘 알 수 있습니다.

2호 가는 바늘(8호 대바늘)로 뜬 작품

기본 작품(10호 대바늘)

2호 굵은 바늘(12호 대바늘)로 뜬 작품

실물 크기의 뜨개바탕으로 비교해보면

뜨개바늘을 바꾸면 코의 크기가 달라집니다. 그 변화를 비교해보세요.

2호 가는 바늘(8호 대바늘)로 뜬 뜨개바탕

기본 작품(10호 대바늘)의 뜨개바탕

2호 굵은 바늘(12호 대바늘)로 뜬 뜨개바탕

기본 작품보다 1호 가는 바늘로 떠보면

뜨개바늘이 1호 가늘어지면 이론적으로는 전체 크기가 약 5% 작아집니다. 기본 작품과 같은 콧수와 단수로 치수를 계산해서 도안으로 나타냈습니다.

●사이즈
가슴둘레 : 88cm
어깨너비 : 33cm
옷기장 : 50cm
소매길이 : 48.5cm

게이지(10 × 10cm) : 19코 × 25.5단
실 : 병태사
바늘 : 대바늘 9호, 4호

●뜨개바탕(실물 크기)

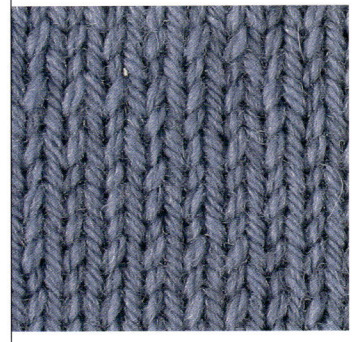

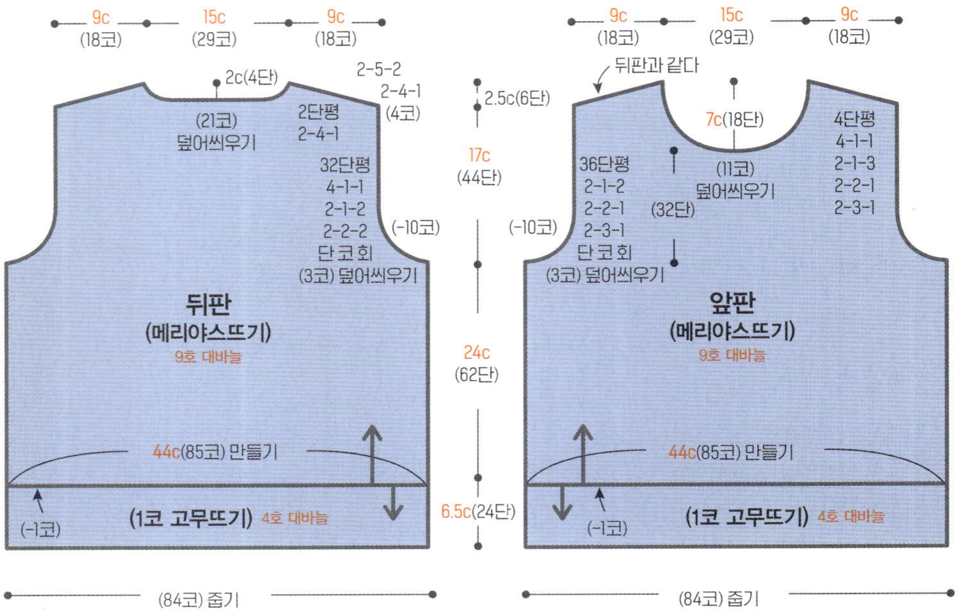

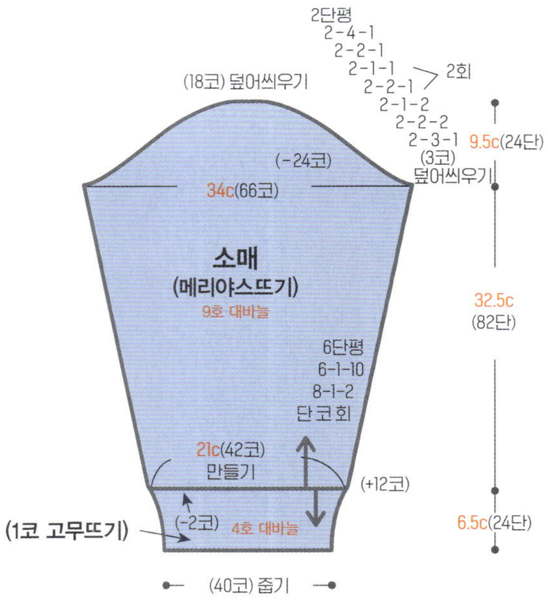

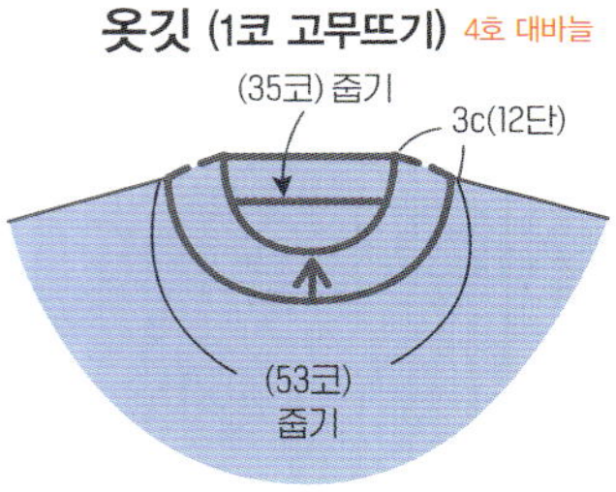

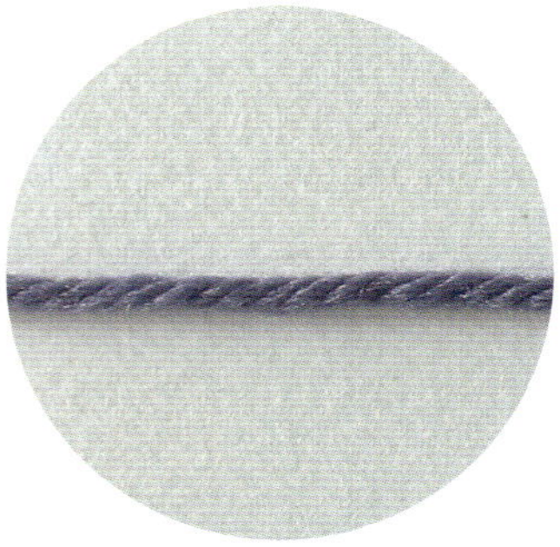

사용한 실(실물 크기)

기본 작품보다 2호 가는 바늘로 떠보면

기본 작품보다 2호 가는 바늘로 작품을 떠봤습니다. 전체적으로 약 10% 작아집니다. 기본 작품이 여성 M 사이즈라면 여성 S 사이즈 정도가 됩니다.

● 사이즈
가슴둘레 : 82cm
어깨너비 : 31cm
옷기장 : 47cm
소매길이 : 45.5cm

게이지(10 × 10cm) : 20코 × 27단
실 : 병태사
바늘 : 대바늘 8호, 3호

● 뜨개바탕(실물 크기)

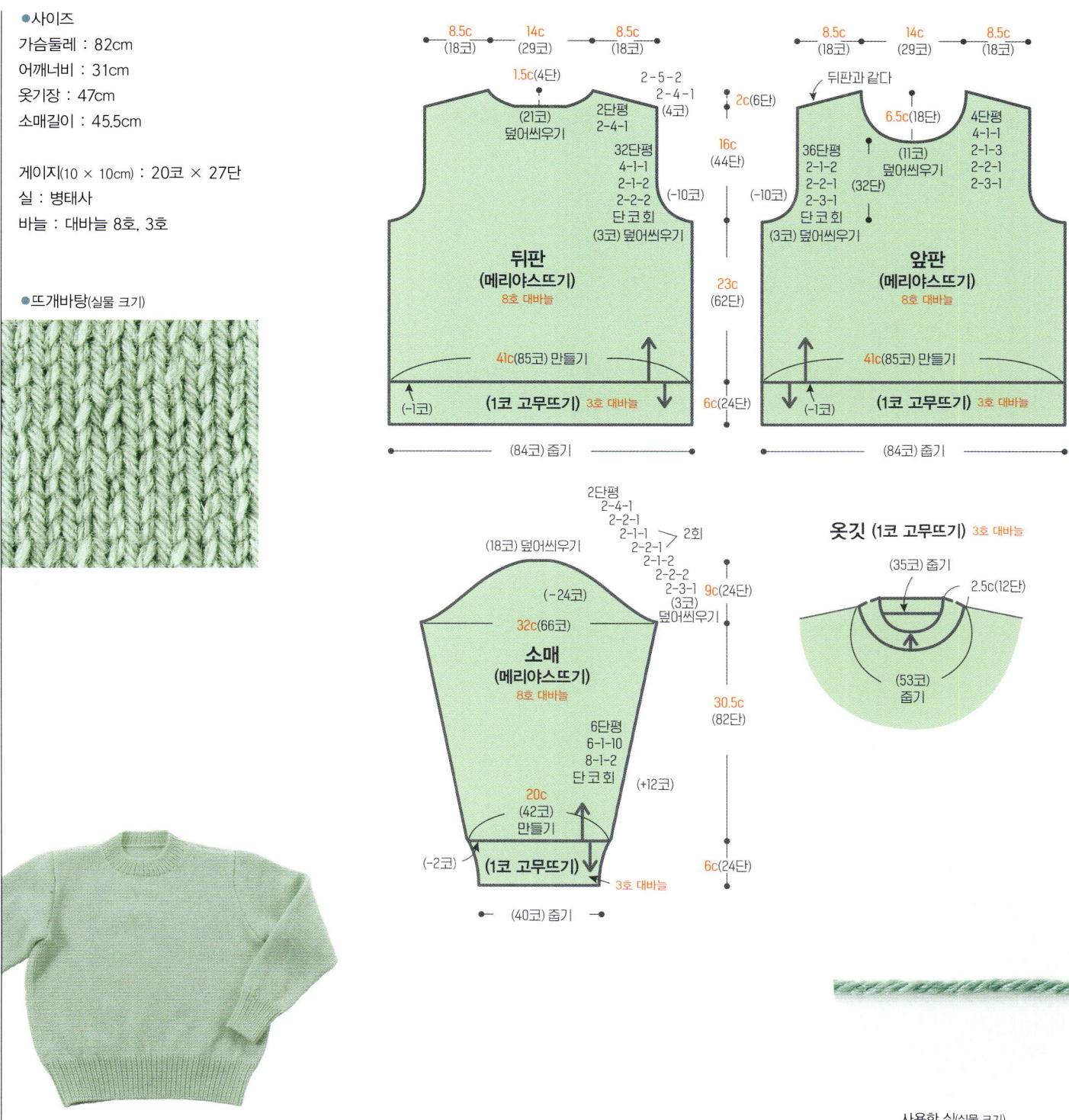

사용한 실(실물 크기)

기본 작품보다 1호 굵은 바늘로 떠보면

뜨개바늘이 1호 굵어지면 이론적으로는 전체 크기가 약 5% 커집니다. 기본 작품과 같은 콧수와 단수로 치수를 계산해서 도안으로 나타냈습니다.

● 사이즈
가슴둘레 : 96cm
어깨너비 : 37cm
옷기장 : 56cm
소매길이 : 53.5cm

게이지(10 × 10cm) : 17.5코 × 23단
실 : 병태사
바늘 : 대바늘 11호, 6호

● 뜨개바탕(실물 크기)

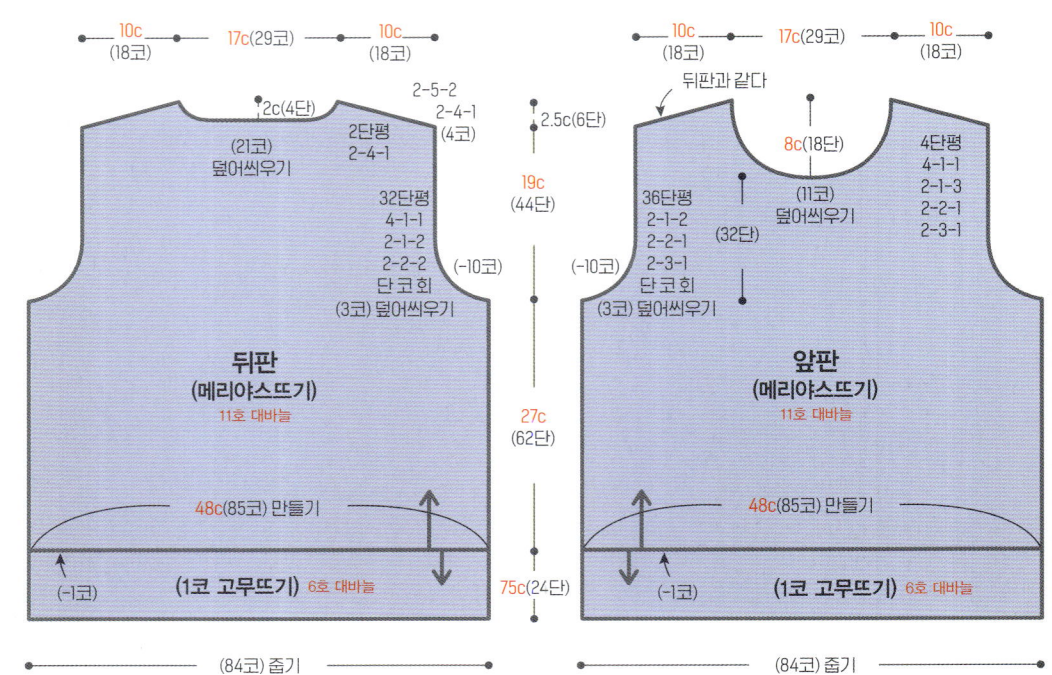

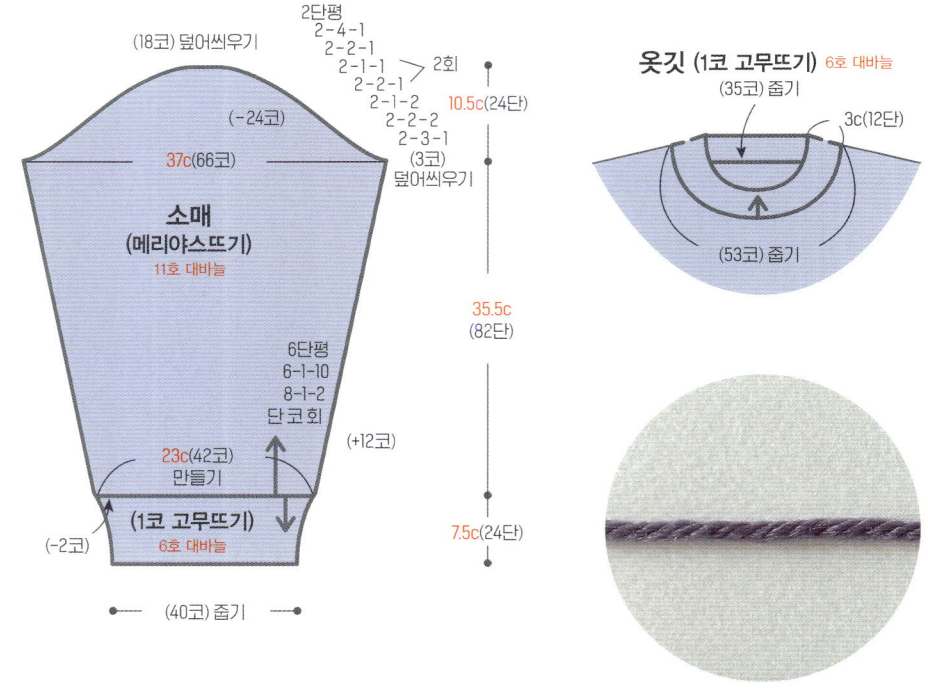

사용한 실(실물 크기)

기본 작품보다 2호 굵은 바늘로 떠보면

기본 작품보다 2호 굵은 바늘로 같은 도안의 작품을 떠봤습니다. 전체적으로 약 10% 커집니다.
기본 작품이 여성 M 사이즈라면 여성 L 사이즈 정도가 됩니다.

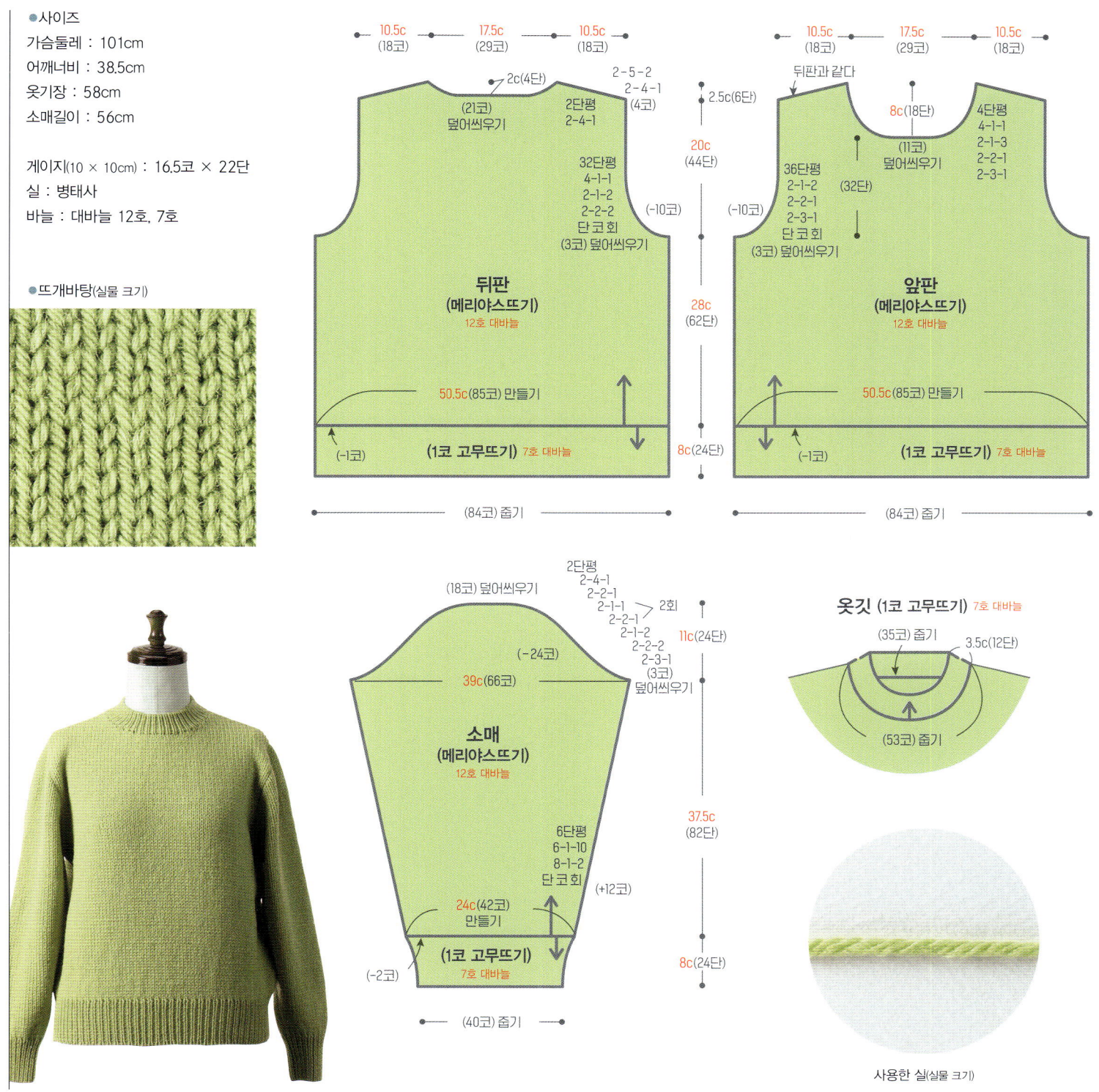

사용한 실(실물 크기)

2. 실의 굵기를 바꿔 사이즈를 조정해보자

같은 도안으로 사용하는 실의 굵기를 바꿔 뜨면 크기가 얼마큼 바뀔지 테스트해봤습니다. 기본 뜨개바탕(병태사)을 중심으로 합태사, 극태사를 사용해 뜨면 코의 크기가 어느 정도 바뀌는지 비교해보겠습니다. 뜨개바탕은 모두 콧수와 단수가 같습니다.

※ 이 방법으로 사이즈를 조정할 때는 반드시 게이지를 내서 기본 뜨개바탕과 비교해본 다음 그 실로 작품을 떴을 경우 원하는 사이즈보다 너무 크거나 작지 않은지 확인하고 뜹니다.

게이지 일정 치수 안에 들어 있는 콧수와 단수를 말합니다. 실제로 작품에 사용하는 실과 같은 실로 견본을 떠서 측정합니다. 보통 10 × 10cm에 몇 코와 몇 단이 있는지 세는데, 작품을 만드는 데 토대가 되는 데이터입니다.

게이지 내는 법 작품을 뜰 때와 같은 실과 바늘로 가로세로 15cm 이상의 뜨개바탕을 뜬 다음 스팀다리미로 다려서 정돈합니다. 그 뜨개바탕에 자를 대고 중앙의 안정된 가로세로 10cm 부분에 몇 코 몇 단이 있는지 셉니다.

[실의 굵기를 바꿔서 뜬 뜨개바탕을 가로로 나열해 크기를 비교하면]

극태사(12호 대바늘)
병태사(10호 대바늘, 기본 뜨개바탕)
합태사(6호 대바늘)

[실의 굵기를 바꿔서 뜬 뜨개바탕을 겹쳐서 크기 변화를 보면]

극태사
병태사(기본 뜨개바탕)
합태사

Adjustment | 사이즈를 조정하는 법

실제로 작품을 떠보면
작품으로 비교해보면 크기 변화를 좀 더 잘 알 수 있습니다.

합태사

병태사(기본 작품)

극태사

실물 크기의 뜨개바탕으로 비교해보면
뜨는 실을 바꾸면 코는 기본 뜨개바탕에 비해 커지거나 작아집니다. 변화를 비교해보세요.

합태사(6호 대바늘)

병태사(10호 대바늘, 기본 뜨개바탕)

극태사(12호 대바늘)

기본 작품과 같은 도안을 가는 실로 떠보면

기본 작품은 병태사(10호 대바늘)로 떴는데, 같은 도안을 합태사(6호 대바늘)로 바꿔서 떠봤습니다. 여성 M 사이즈가 아이 사이즈 정도 됩니다. 실을 바꾼다면 반드시 게이지를 낸 다음 원하는 크기인지 확인하고 뜨개를 시작합니다. 기본 작품과 같은 콧수와 단수로 치수를 게이지에서 계산해 도안으로 나타냈습니다.

●사이즈
가슴둘레 : 72cm
어깨너비 : 27cm
옷기장 : 41cm
소매길이 : 38.5cm

게이지(10 × 10cm) : 23코 × 32단
실 : 합태사
바늘 : 대바늘 6호, 3호

●뜨개바탕(실물 크기)

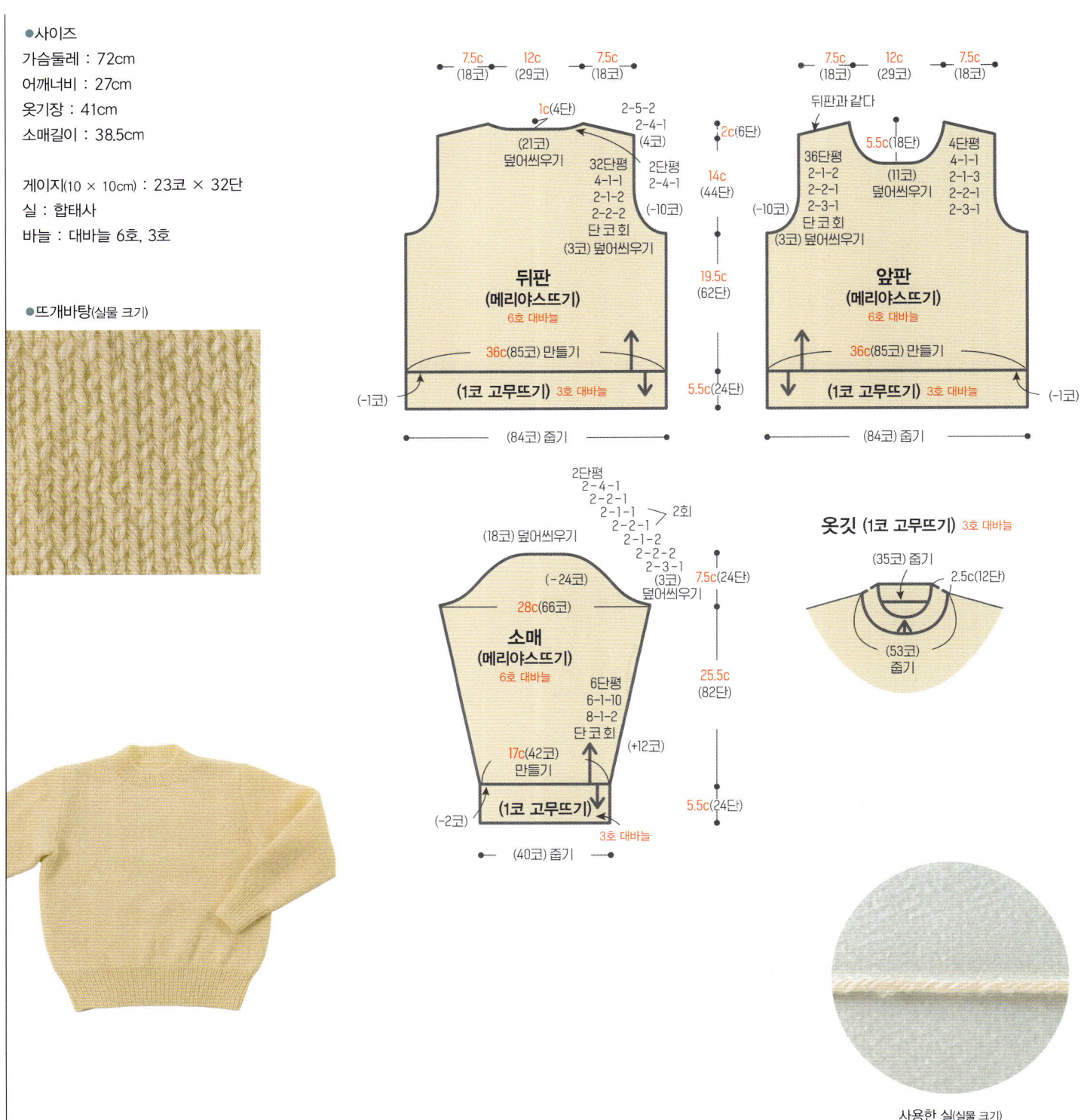

사용한 실(실물 크기)

기본 작품과 같은 도안을 굵은 실로 떠보면

기본 작품과 같은 도안을 극태사(12호 대바늘)로 바꿔서 떠봤습니다. 남성 사이즈 정도가 됩니다. 같은 도안으로 뜨는 작품의 실을 바꾸면 여성, 남성, 아이 사이즈가 되는 손뜨개의 재미를 발견했습니다. 실을 바꾼다면 반드시 게이지를 낸 다음 원하는 크기인지 확인하고 뜨개를 시작합니다. 몸판과 소매가 커지면 동시에 밑단과 소맷부리, 옷깃의 고무뜨기 길이도 길어집니다. 이때 뜨는 단수를 줄여서 원하는 길이로 조정하면 됩니다. 기본 작품과 같은 콧수와 단수로 치수를 게이지에서 계산해 도안으로 나타냈습니다.

● 사이즈
가슴둘레 : 110cm
어깨너비 : 42cm
옷기장 : 61.5cm
소매길이 : 58cm

게이지(10 × 10cm) : 15코 × 21.5단
실 : 극태사
바늘 : 대바늘 12호, 6호

● 뜨개바탕(실물 크기)

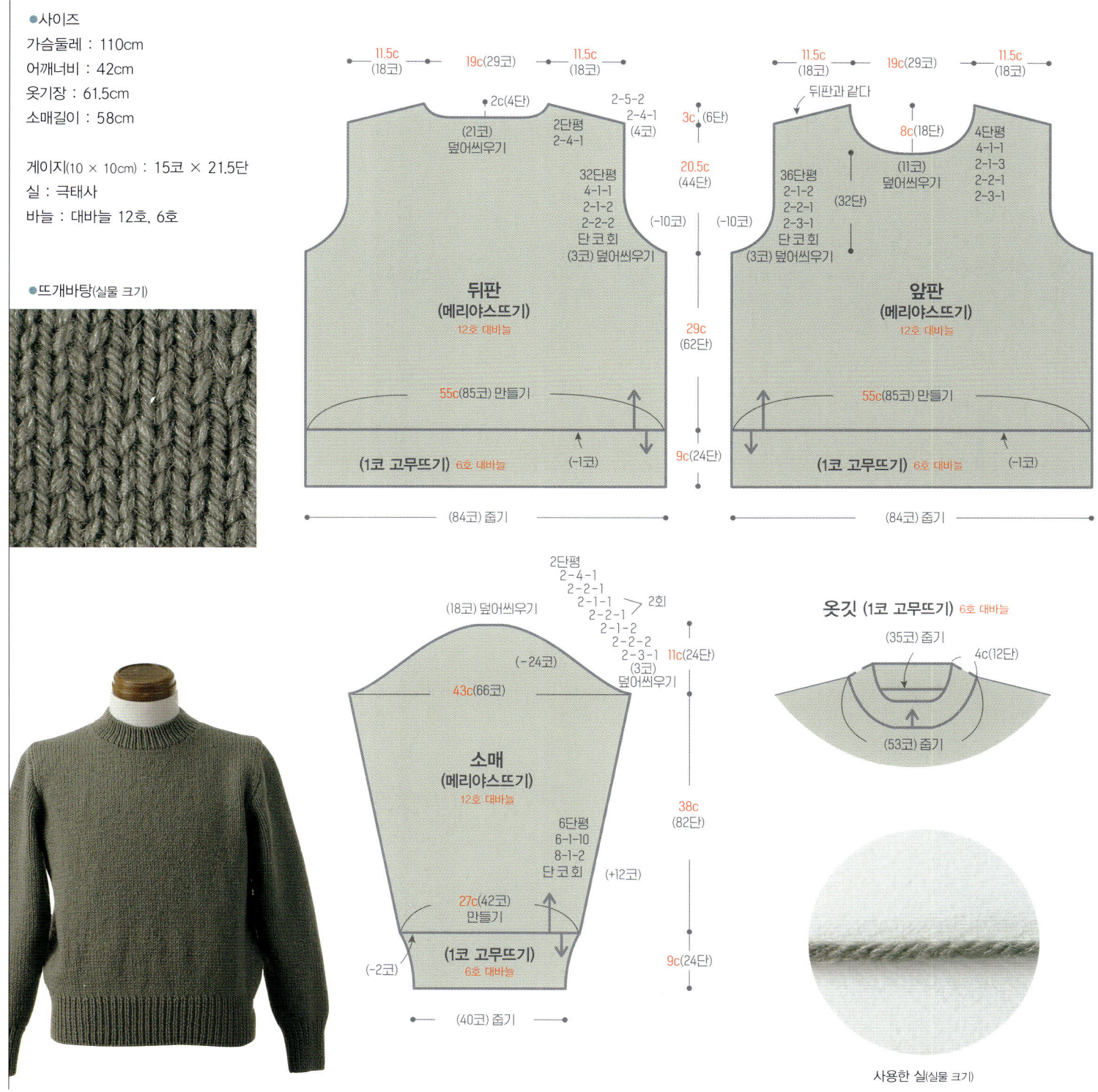

사용한 실(실물 크기)

3. 직선과 사선 부분의 치수를 바꿔 사이즈를 조정해보자

옷기장과 소매길이 등 직선과 사선 부분의 치수를 변경해 사이즈를 바꾸는 방법을 설명합니다. 손뜨개 책에 실린 작품을 실제로 떠보면 항상 옷기장과 소매길이가 짧다든가 아니면 취향에 따라 작품보다 길이를 짧게 하고 싶을 때 응용할 수 있습니다. 도안의 진동 둘레와 목둘레, 소매산 같은 곡선 부분을 변경하려면 제도 지식이 필요하지만, 옷기장과 소매길이 같은 직선과 사선 부분은 간단한 계산으로 바꿀 수 있습니다. 소매 밑선 같은 사선 부분의 계산법도 함께 설명합니다.

[직선 부분의 계산을 실제로 해보면]

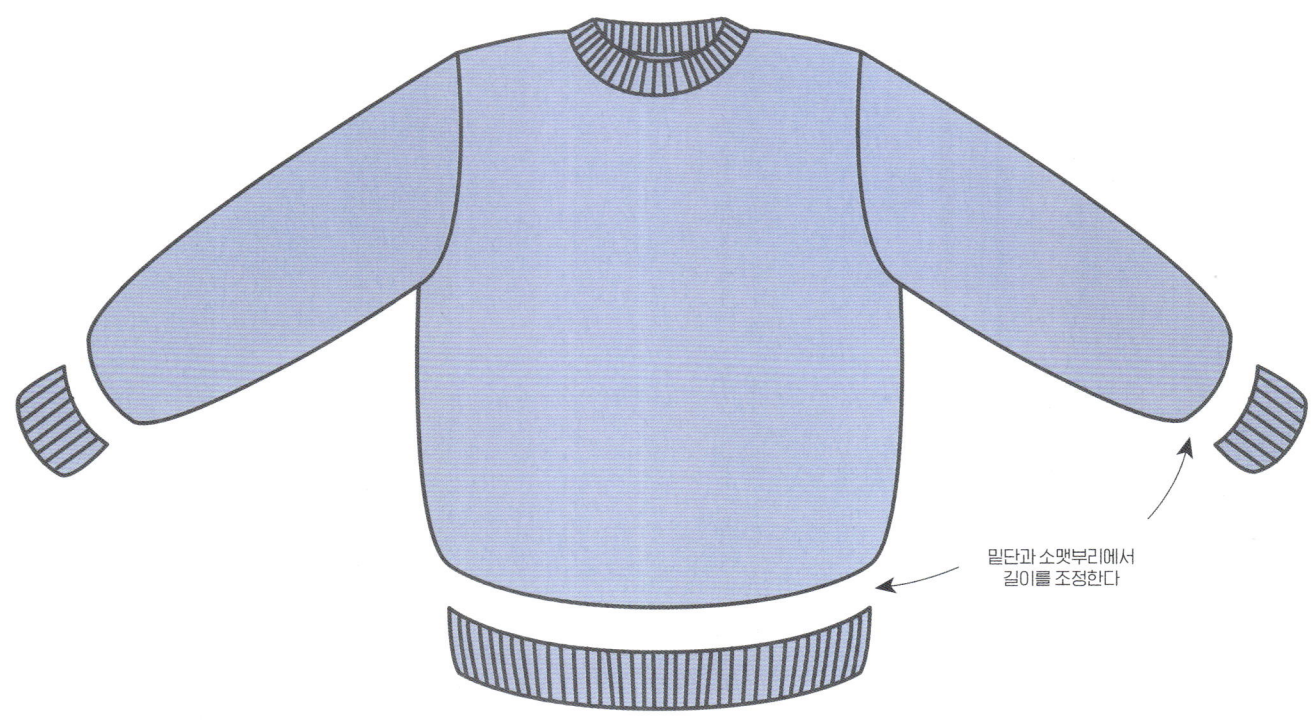

밑단과 소맷부리에서 길이를 조정한다

기본 작품(→P.7) 게이지(10 × 10cm) : 18코 × 24단

기본 작품의 옆선 길이를 3cm 늘입니다.

25.5cm + 3cm = 28.5cm

28.5cm × 2.4단(1cm 단수 게이지) = 68.4단 → 68단

※ 대바늘뜨기는 겉단과 안단의 2단 반복이므로 단은 짝수로 끝나도록 조정합니다.

뜨개도안으로 변경한 부분을 나타내 보면

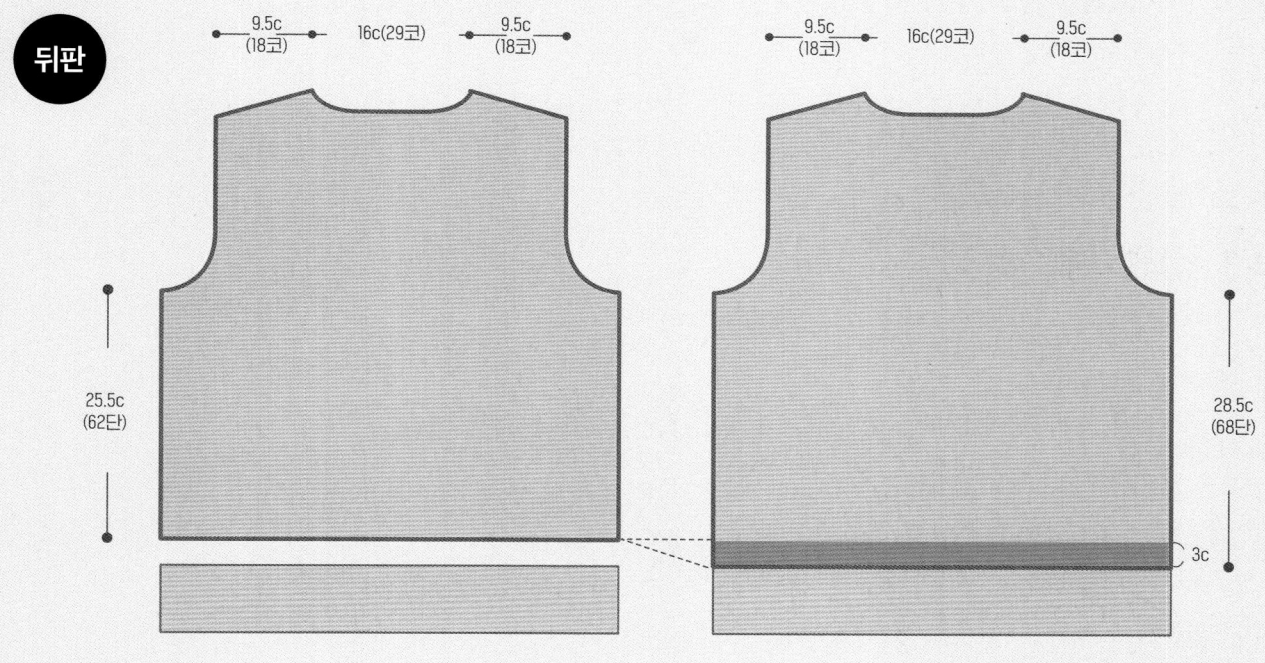

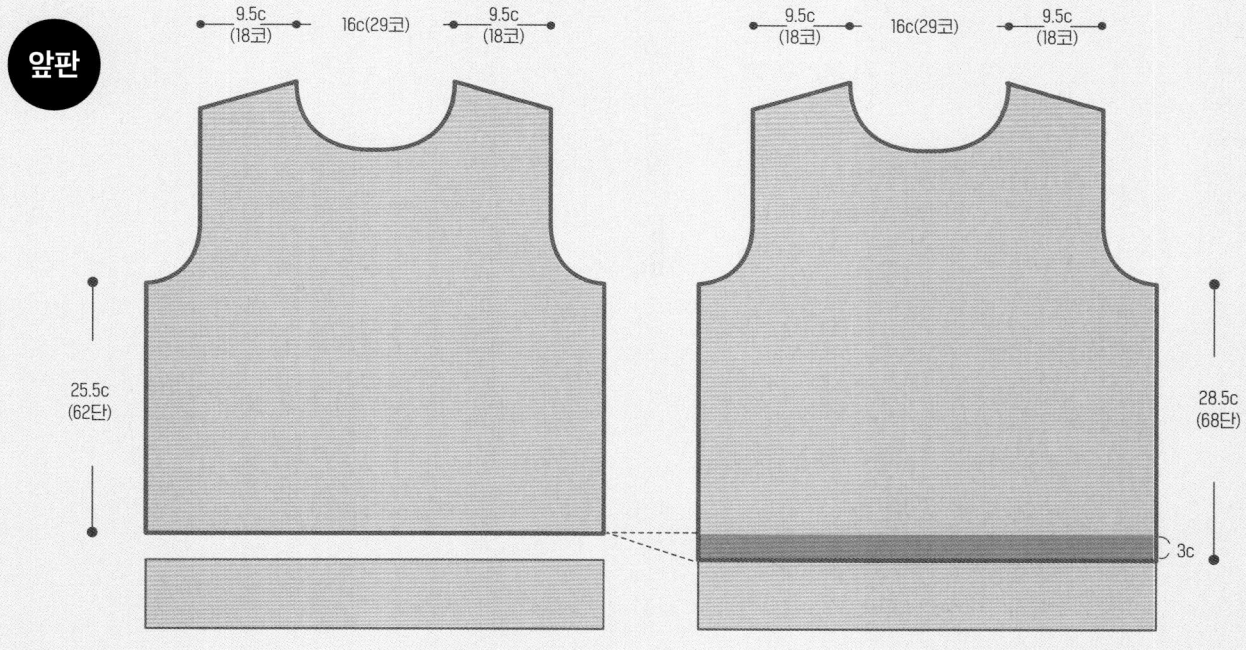

[사선 부분의 길이를 바꿔보자]

옆선 등 콧수의 증감이 없는 직선 부분은 치수에 게이지를 곱해서 단수를 구합니다. 사선인 소매 밑선은 길이를 늘이면 코를 늘리는 법을 바꿔야 할 수 있습니다. 연장하는 길이가 3cm 정도라면 단순하게 소맷부리 쪽에 단수를 더해서 더한 단수만큼 뜬 뒤 지정된 코 늘리기를 해도 완성 형태가 거의 달라지지 않습니다. 간단한 계산으로 가능한 사선의 계산법을 설명합니다.

● 소매길이를 3cm 늘이려면

기본 작품(→P.7) 게이지(10 × 10cm) : 18코 × 24단
기본 작품의 소매 밑선 길이를 3cm 늘입니다.
34cm + 3cm = 37cm
37cm × 2.4단(1cm 단수 게이지) = 88.8단 → 90단
단수를 짝수로 조정했습니다.
코 늘리는 법도 그림과 같이 변경했습니다.

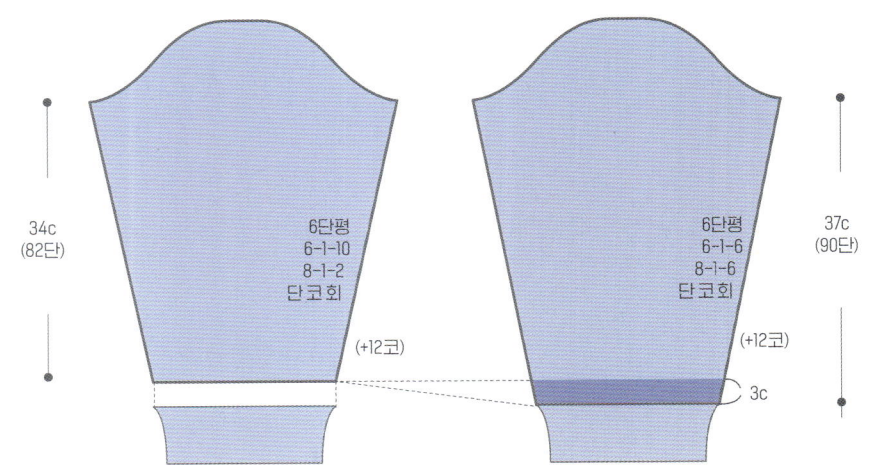

[사선을 계산해보자]

기본 작품(→P.7)으로 소매 밑선의 계산법을 설명합니다. 소매 밑선의 늘리는 코는 12코입니다. 오른쪽 그림을 보면 12코를 늘리면 13간격이 필요합니다. 뜨개의 증감코에서 마지막(13번째) 간격을 '평단'이라고 합니다. 소매 등 좌우로 1코를 늘리거나 줄인다면 겉면의 같은 단에서 합니다.

❶ 맨 먼저 계산을 합니다. 겉단에서만 하기 위해 소매 밑선의 단수를 2로 나눕니다.
   82단 ÷ 2 = 41단
❷ 12코를 늘려야 하니 반으로 나눈 단(41단)을 간격 13으로 나눕니다.
❸ 3을 구했고, 3 × 13 = 39. 41단 − 39단 = 2단으로 나머지는 2입니다. 여기부터가 이 계산의 포인트입니다.
❹ 답 3에 1을 더합니다.
   3 + 1 = 4
   그런 다음 나머지 2를 간격 13에서 뺍니다.
   13 − 2 = 11
❺ 구한 답은 4단이 2회, 3단이 11회입니다. 그림처럼 안내 화살표를 그려보면 이해하기 쉽습니다. 이 수치는 간격의 단수로, 13간격 중 4단으로 구성된 간격이 2개, 3단으로 구성된 간격이 11개라는 의미입니다.
❻ 단수를 반으로 나눴으므로 2배로 해서 원래대로 되돌립니다. 즉 8단마다 1코 늘리기 2회, 6단마다 1코 늘리기 11회를 합니다.
❼ 마지막 간격은 평단이니 계산 결과는 '8단마다 1코 늘리기 2회, 6단마다 1코 늘리기 10회, 6단평'입니다.

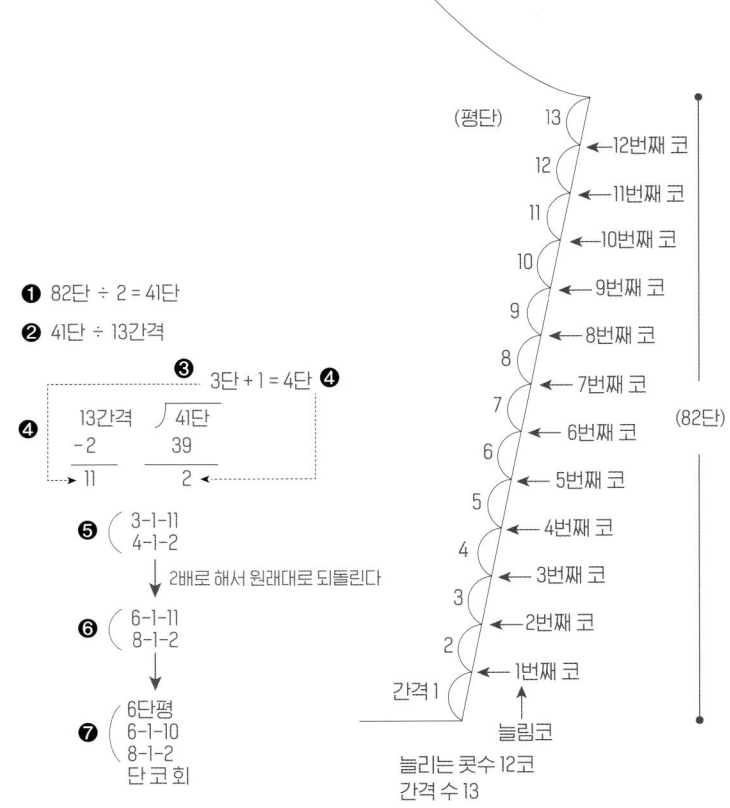

평균 계산

이것을 평균 계산이라고 하며, 여러모로 유용하니 익혀두면 편리합니다.

Adjustment | 사이즈를 조정하는 법

이해하기 쉬운 손뜨개의 평균을 계산하는 법

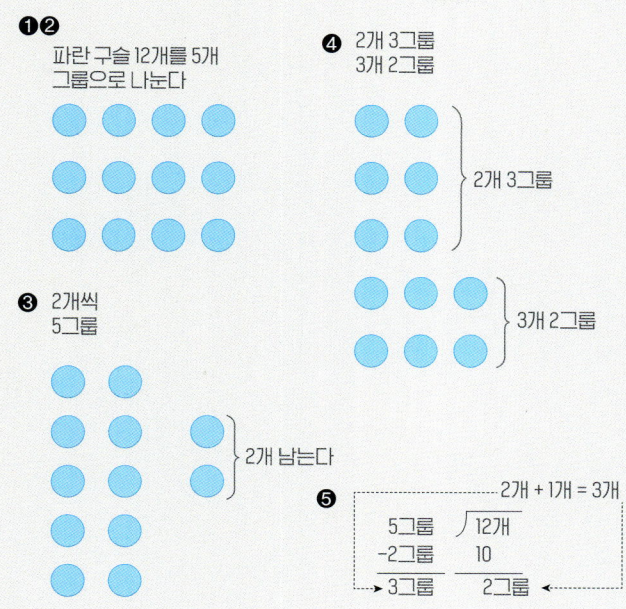

❶ 파란 구슬이 12개 있습니다.
❷ 이 파란 구슬을 5개 그룹으로 나누려고 합니다.
❸ 나눠떨어지지 않는데, 나온 답은 2개씩 5개 그룹으로 나뉘고 2개가 남습니다.
❹ 남은 2개를 1개씩 2개 그룹에 배분합니다. 20페이지 사선의 계산 ❹를 참고하세요.
❺ 구한 답은 2개씩 3그룹, 3개씩 2그룹입니다.

소매 밑선을 계산해보면

이 기본 작품의 소매 밑선에 대한 계산 결과는 '8단마다 1코 늘리기 2회, 6단마다 1코 늘리기 10회, 6단평'입니다. 실제로 뜰 때도 8단마다 코를 늘린 다음에 6단마다 코를 늘립니다. 뜨개 규칙에 따라 소매 밑선의 늘림코는 소맷부리 쪽에 계산 결과에서 단수가 많은 부분, 소매산 쪽에 단수가 적은 부분을 배치해서 뜹니다.
계산 결과를 그래프로 나타내봤습니다. 왼쪽이 소매 밑선의 모서리가 약간 안쪽으로 들어가서 선이 아름답습니다.

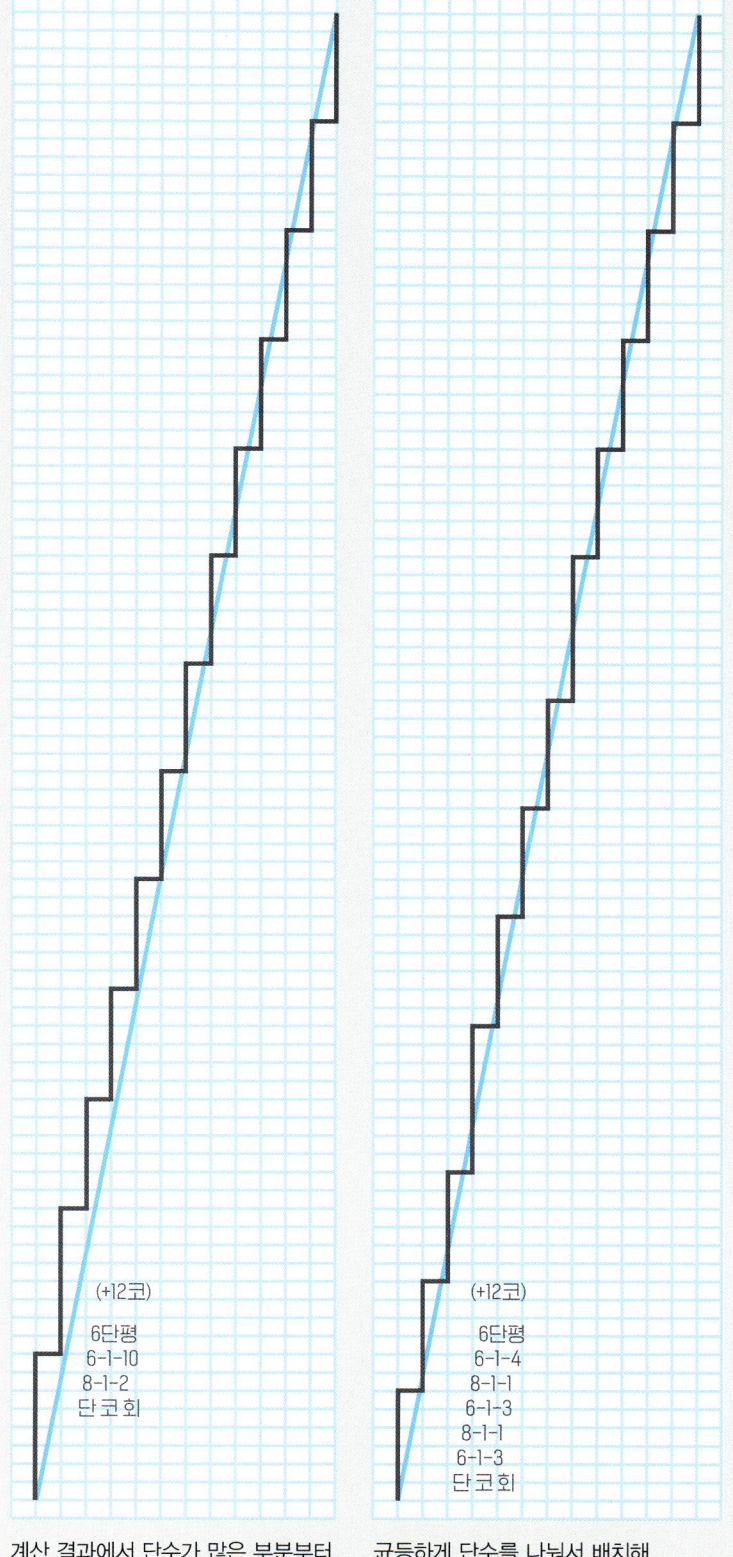

계산 결과에서 단수가 많은 부분부터 먼저 뜨는 소매 밑선

균등하게 단수를 나눠서 배치해 뜨는 소매 밑선

4. 품을 넓혀서(좁혀서) 사이즈를 조정해보자

사이즈 조정법 중에서 어쩌면 품을 넓히거나 좁히는 방법이 가장 필요할지 모릅니다. 손뜨개 책에 실린 작품의 옷기장은 그대로가 좋은데 체형상 품이 작거나 클 수 있습니다. 이럴 때 진동 둘레나 목둘레 같은 곡선 부분에 손을 대면 제도를 수정하는 것만큼 힘들어지므로 어깨너비를 넓히거나 좁혀서 조정합니다. 전체 균형을 고려해 어깨너비를 넓힌다면 한쪽당 2cm 정도까지를, 좁힌다면 한쪽당 1.5cm 정도까지를 한도로 합니다.

어깨는 대부분 체형에 맞춰 사선입니다. 이것을 '어깨 경사'라고 합니다. 어깨너비를 바꾼다면 이 어깨 경사의 계산 결과도 바꿔야 합니다. 간단한 계산으로 가능한 어깨 경사 계산법도 설명합니다.

이 위치에서 콧수를 늘리거나 줄여서 조정한다

[품을 좁게]

기본 작품(→P.7)의 옷기장은 그대로 두고 품을 어깨 부분에서 1.5cm씩 좁힌 도안입니다. 가슴둘레는 86cm가 되어 기본 작품보다 6cm 작아집니다.

● 사이즈
가슴둘레 : 86cm
어깨너비 : 32cm
옷기장 : 53cm
소매길이 : 51cm

게이지(10 × 10cm) : 18코 × 24단
바늘 : 대바늘 10호, 5호

※ 어깨의 계산 결과가 달라집니다.

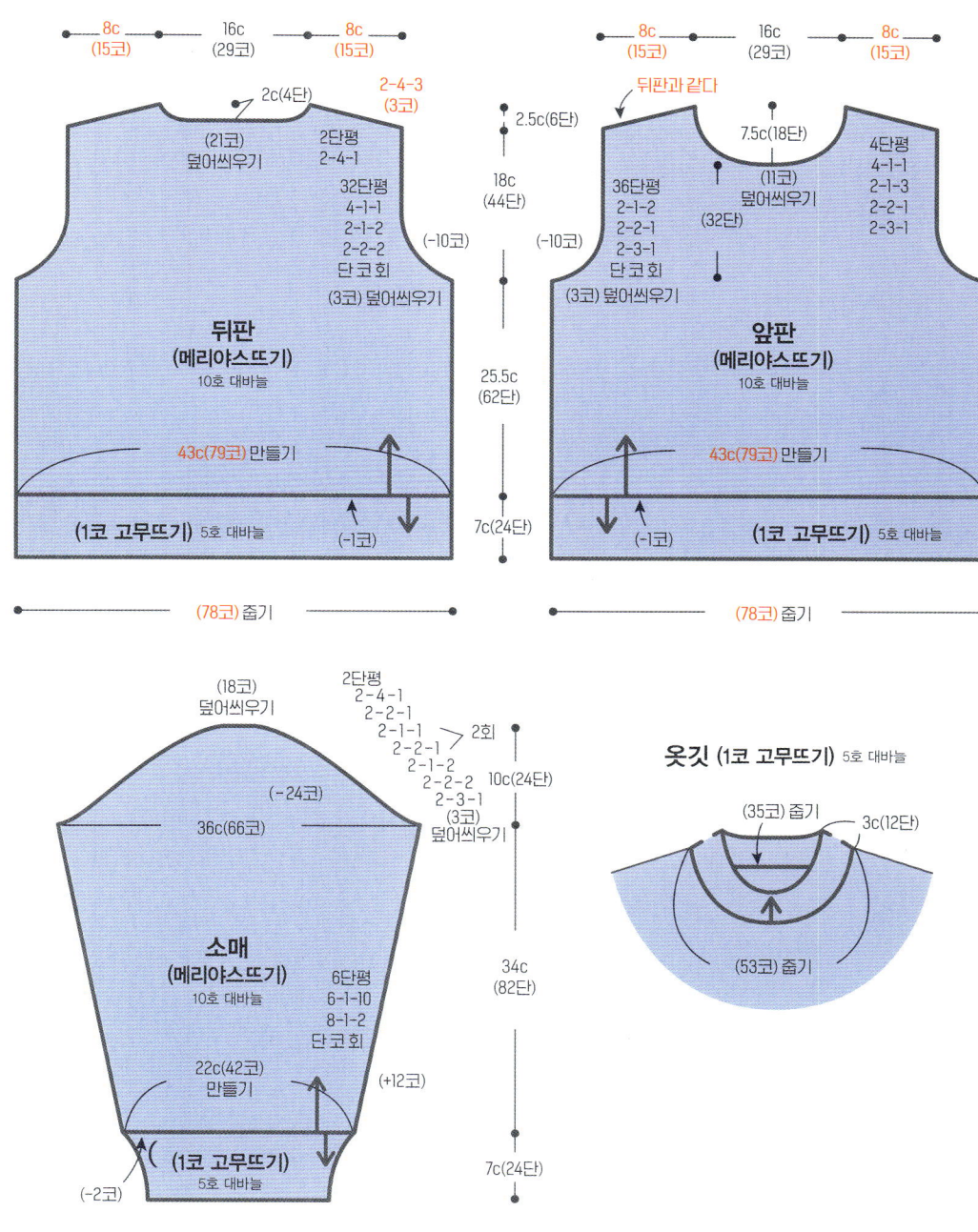

[품을 넓게]

기본 작품(→P.7)의 옷기장은 그대로 두고 품을 어깨 부분에서 2cm씩 넓힌 도안입니다. 가슴둘레는 100cm가 되어 기본 작품보다 8cm 커집니다.

● 사이즈
가슴둘레 : 100cm
어깨너비 : 39cm
옷기장 : 53cm
소매길이 : 51cm

게이지(10 × 10cm) : 18코 × 24단
바늘 : 대바늘 10호, 5호

※ 어깨의 계산 결과가 달라집니다.

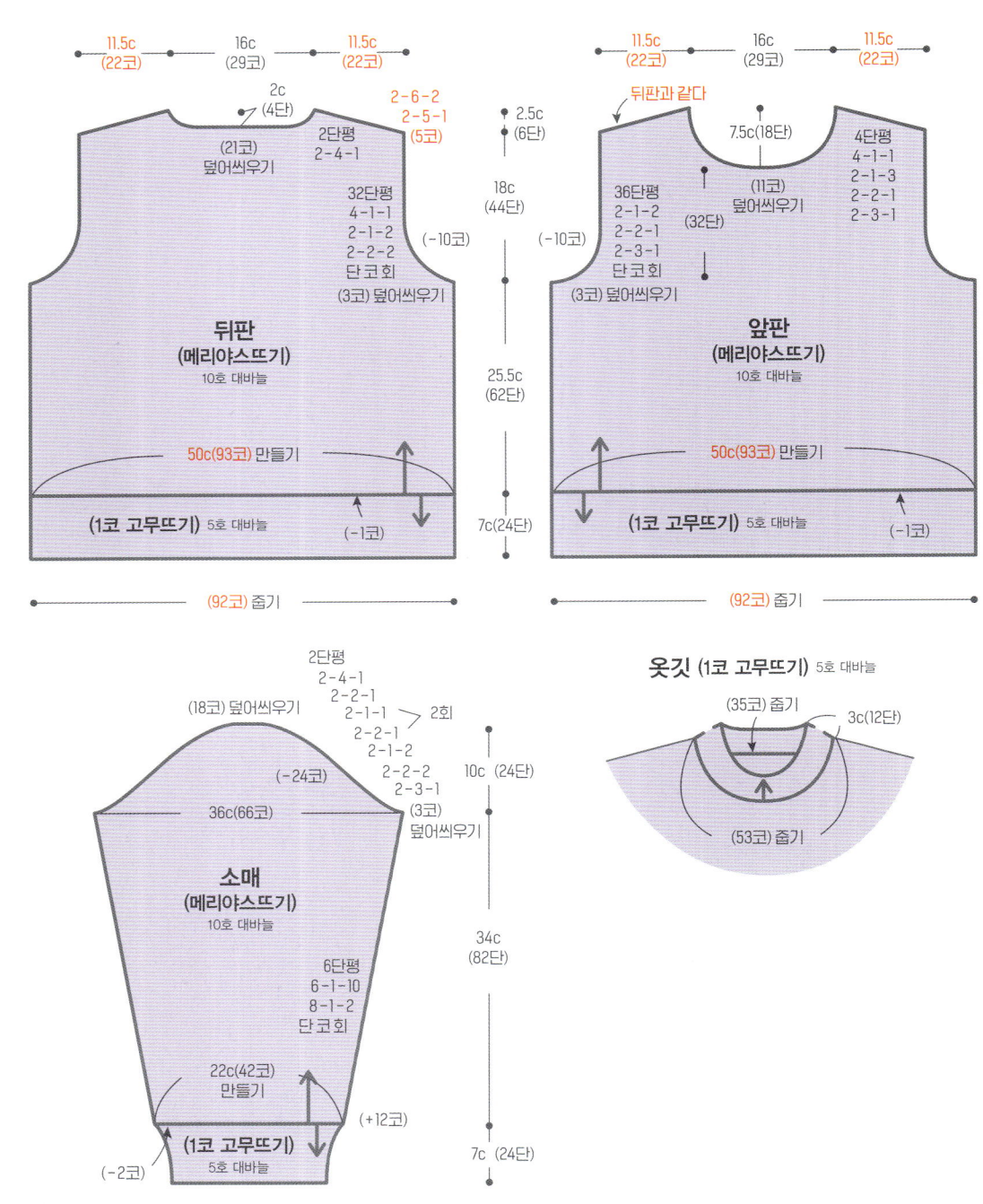

어깨 경사를 계산해보자

어깨너비 범위에서 사이즈를 변경했을 경우, 어깨선이 사선인 어깨 경사가 있는 도안은 어깨 경사를 뜨기 위한 계산도 바꿔야 합니다. 계산이 간단하므로 익혀두면 편리합니다. '사선을 계산해보자'(→P.20)와 같이 평균 계산으로 합니다. 이제부터 기본 작품(→P.7)의 도안을 토대로 설명합니다. 어깨 경사의 사선은 '되돌아뜨기'로 뜨는데, 2단마다 합니다.

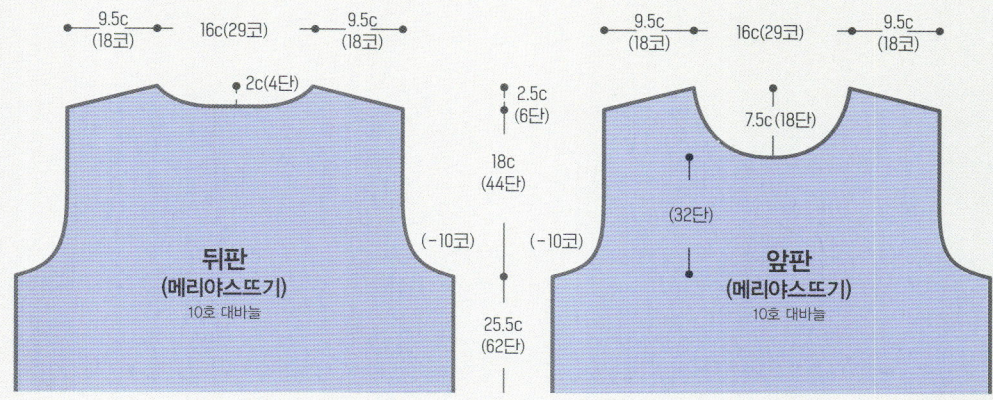

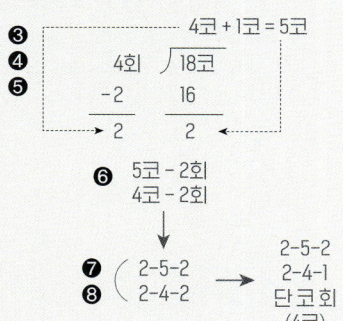

❶ 2단마다 뜨므로 어깨 경사의 단수를 2로 나눕니다.
　6단 ÷ 2단 = 3회.
❷ 3회에 평단분 1을 더하고 18코를 4(3회 + 1)로 나눕니다.
❸ 4를 구했습니다. 4코 × 4회 = 16코. 그러면 18코 − 16코 = 2코로 나머지는 2입니다.
❹ 나머지 2코를 1코씩 되돌아뜨기하는 콧수에 배분합니다.
❺ 이것이 답 4코에 1을 더하는(4코 + 1 = 5) 이유입니다. 나머지 2를 4회에서 뺍니다.
　4회 − 2 = 2.
❻ 구한 답은 4코가 2회, 5코가 2회입니다. 그림처럼 안내 화살표를 그리면 이해하기 쉽습니다.
❼ 어깨 경사의 되돌아뜨기는 평단분부터 정합니다.
　첫 4코를 평단분으로 합니다.
❽ 계산 결과는 (4코)가 평단분, 2단마다 4코 1회, 2단마다 5코 2회입니다.

어깨 경사의 되돌아뜨기는 어깨 끝쪽에 콧수가 적은 부분을 배치

어깨 경사를 뜰 때는 평균 계산으로 한 콧수를 되돌아뜨기합니다. 그때 어깨 끝쪽에 콧수가 적은 부분을 배치해 되돌아뜨기합니다. 이번 경우에는 평단분 4코, 1번째 되돌아뜨기 4코, 다음 되돌아뜨기 5코를 2회 순으로 뜹니다.
실제로 적은 콧수부터 먼저 되돌아뜨기한 경우와 되돌아뜨기 콧수를 균등하게 나눈 경우를 비교해보겠습니다. 근소한 차이지만 적은 콧수를 먼저 뜬 쪽이 어깨 경사의 사선에 좀 더 붙어 있습니다.

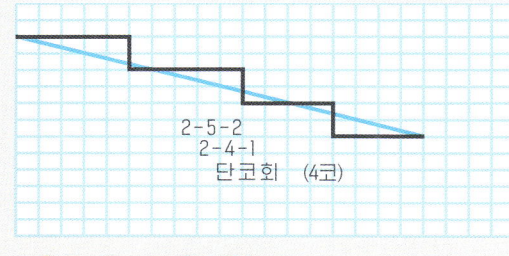

적은 콧수를 먼저 뜬 되돌아뜨기

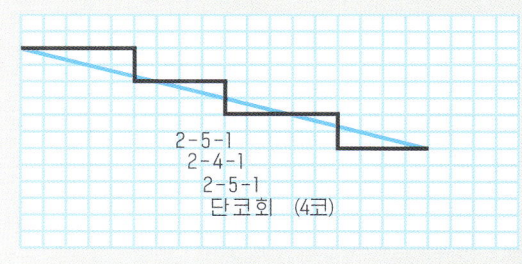

콧수를 균등하게 나눈 되돌아뜨기

5 ● 어깨너비는 바꾸지 않고 품을 넓혀보자

기본 작품(→P.7)의 옷기장, 어깨너비는 그대로 두고 품을 옆선에서 1.5cm 넓힌 도안입니다. 가슴둘레는 98cm가 되어 기본 작품보다 6cm 커집니다. 소매 다는 위치의 길이를 변경했으므로 관계있는 소매산 길이도 바꿔야 합니다. 옆선에서 넓힌 치수와 같게 소매 너비를 한쪽당 1.5cm씩 넓혀 39cm로 합니다.

※ 이 경우는 품을 넓힐 수 있지만 좁히는 것은 불가능합니다. 또 넓히는 치수는 한 곳당 2cm를 한도로 합니다.

● 사이즈
가슴둘레 : 98cm
어깨너비 : 35cm
옷기장 : 53cm
소매길이 : 51cm

게이지(10 × 10cm) : 18코 × 24단
바늘 : 대바늘 10호, 5호

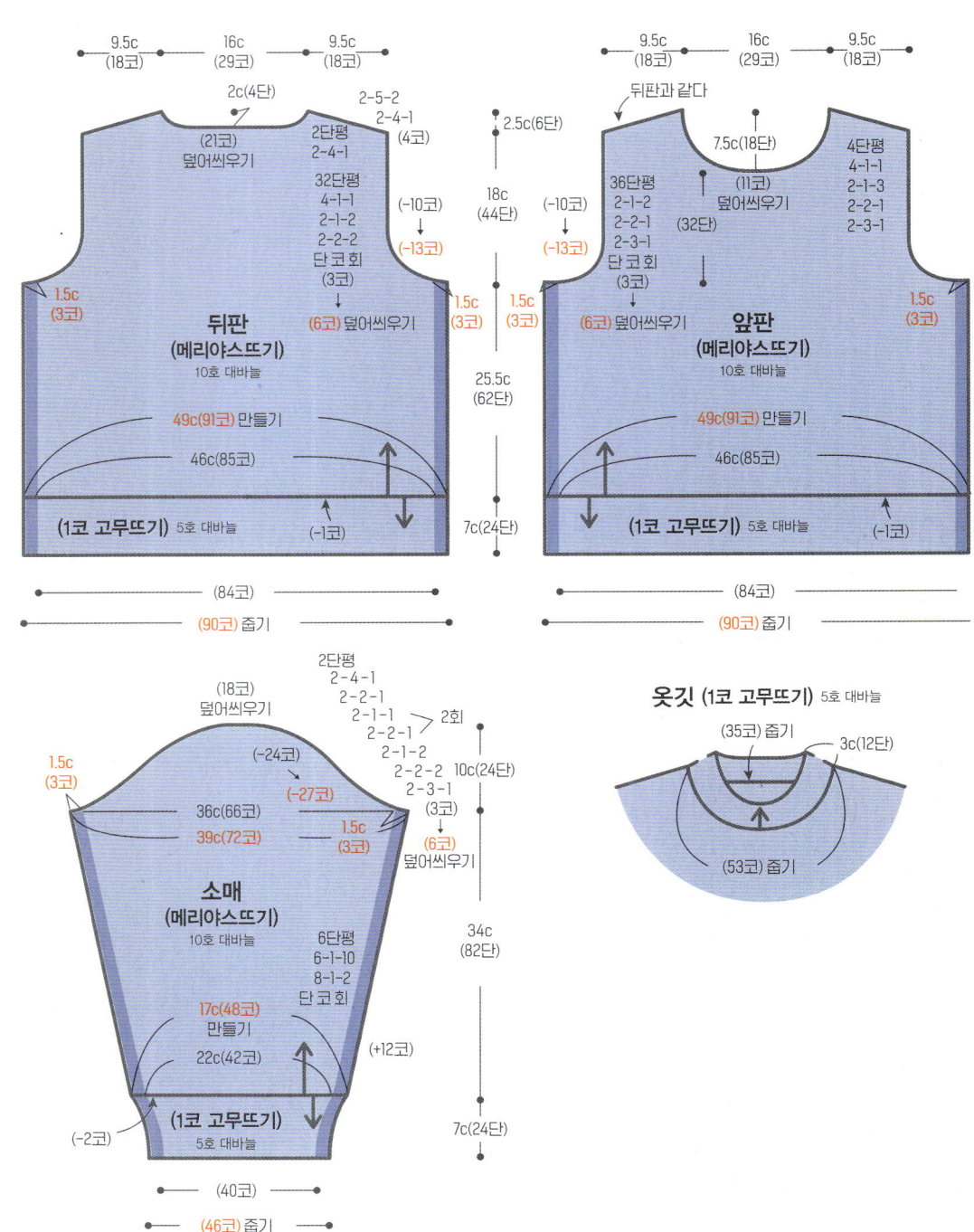

사이즈를 조정하는 아이디어 ❶ 콧수는 바꾸지 않고 무늬를 넣어 너비를 좁힌다

사이즈를 조정하는 아이디어입니다. 어깨너비의 콧수를 바꾸지 않고 꽈배기뜨기 등 메리야스뜨기에 비해 너비가 줄어드는 무늬로 바꿔서 너비가 좁아지게 사이즈를 조정합니다. 단, 어깨를 잇는 부분이 늘어나지 않게 주의하세요. 예시로 꽈배기뜨기 2종을 어깨너비 콧수에 들어가게 떴습니다. 각각 2cm씩 줄었습니다. 어깨너비에 넣은 무늬를 디자인 포인트로 하거나 여유가 있는 스웨터를 몸에 꼭 맞게 바꾸고 싶을 때 이용합니다.

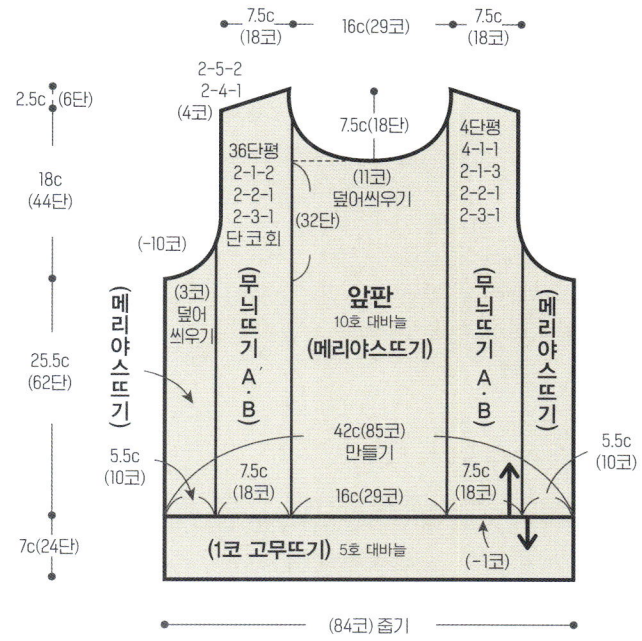

무늬뜨기 A´

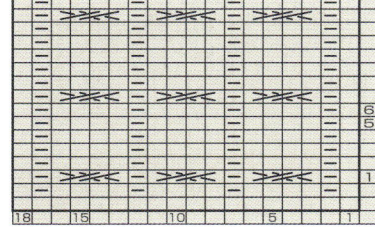

☐ = ☐

무늬뜨기 A

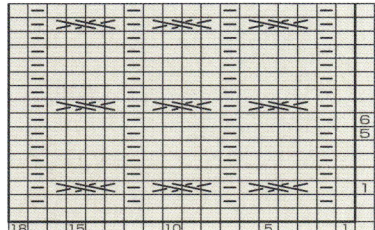

☐ = ☐

무늬뜨기 B

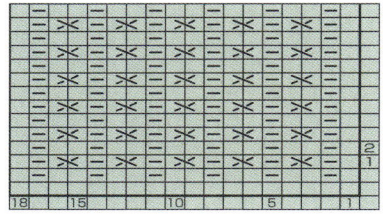

☐ = ☐

무늬뜨기 A·A´를 어깨너비에 넣어 떴습니다.

무늬뜨기 A·A´ 작품을 기본 작품의 앞판에 겹쳐 크기 차이를 비교해봤습니다.

무늬뜨기 B를 어깨너비에 넣어 떴습니다.

무늬뜨기 B 작품을 기본 작품의 앞판에 겹쳐 크기 차이를 비교해봤습니다.

사이즈를 조정하는 아이디어　❷ 축융해 사이즈를 줄인다

큰 스웨터를 줄일 수 있는 축융은 위험 요소가 있는 방법입니다. 이제 입지 않는 스웨터를 줄이는 동시에 스타일을 바꾸고 싶을 때, 꽤 예전에 산 스웨터인데 낙낙하고 유행에 맞지 않아서 거의 입지 않지만 처박아두기 아까워 다시 입고 싶을 때 이용하는 방법입니다.

일반적으로 스웨터를 세탁할 때는 미지근한 물과 전용 세제를 사용해 줄어들지 않도록 합니다. 축융은 그 반대로 미지근한 물과 찬물을 번갈아 사용하고 건조기로 말리는 등 스웨터를 세탁할 때 해서는 안 되는 과정을 거칩니다. 이렇게 해서 뜨개바탕을 줄이고 펠트화합니다. 축융하면 뜨개바탕에 독특한 멋이 생겨서 평범하게 떠서는 낼 수 없는 분위기를 만들 수 있습니다.

스웨터를 떠서 실제로 축융해봤습니다. 작품이 어느 정도 줄어드는지 데이터를 얻은 다음 축융한 작품이 여성 M 사이즈가 되도록 계산해 큰 스웨터를 떴습니다. 남성 사이즈의 스웨터를 축융하니 여성 M 사이즈가 되었습니다. 기성 스웨터를 축융할 때는 축융률 데이터를 얻지 못하므로 상태를 보면서 세탁과 건조 과정을 반복하는 것을 추천합니다.

실제로 축융을 해보자

1
스웨터를 미지근한 물에 담그고 액체 세제로 세탁합니다.

2
그다음 물에 헹궈서

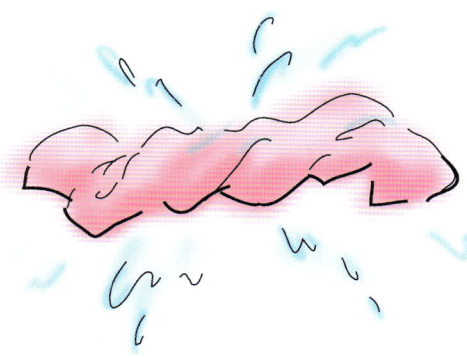

3
물기를 꽉 짭니다.

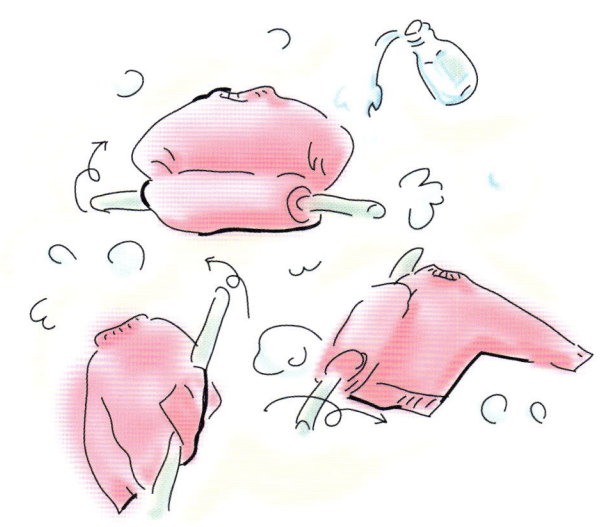

4
다시 미지근한 물에 담그고 액체 세제로 세탁합니다. 이때 스웨터를 막대에 감아 가로세로, 대각선으로 굴리면서 세탁하면 더욱 균일하게 축융할 수 있습니다. 상태를 보면서 **4**, **2**, **3**을 3~4회 반복합니다.

5
건조기로 20~30분 정도 말립니다. 10분마다 축융 상태를 확인하면서 건조하는 것을 권장합니다.

6
다리미로 모양을 다듬으면 완성입니다. 이때 다리미를 이용해 스웨터에 스팀을 가득 쐬어주고 손으로 누르면서 모양을 잡아가며 진행합니다.

축융한 스웨터를 응용한 작품

● 축융의 특징을 살려서 리메이크해보면

스웨터를 축융하면 털실 섬유가 얽혀서 뜨개바탕이 펠트처럼 됩니다. 펠트처럼 변한 뜨개바탕은 가위로 잘라도 실이 잘 풀리지 않습니다. 그런 축융의 특징을 살려서 풀오버 앞판을 잘라 카디건으로 만들어봤습니다. 그 밖에 소매를 짧게 잘라 7부 소매나 반팔로 만들거나 목둘레를 브이 자로 잘라 브이넥 스웨터로 바꾸는 등 여러 아이디어를 생각해볼 수 있습니다.

Arrange 1
축융한 스웨터

축융하면 밑단과 소맷부리 등 고무뜨기의 신축성이 없어지지만, 펠트처럼 변한 뜨개바탕과 밑단과 소맷부리의 직선 실루엣이 멋스러워 보입니다.

Arrange 2
풀오버 앞판을 비대칭으로 잘라서 카디건으로

축융한 스웨터를 중심에서 왼쪽으로 치우쳐 잘라 카디건을 만들었습니다. 똑같이 축융한 코드를 테두리에 더해 디자인의 포인트로 삼았습니다(→P.31).

Adjustment | 사이즈를 조정하는 법

축융한 스웨터를 카디건으로 만들어보자

축융하는 방법(→P.29)을 참고해 스웨터를 준비합니다.

스웨터

코드 뜨기
장갑바늘을 사용한다.
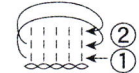
1단을 뜬 뒤 실 끝을 뜨개 시작 쪽으로 되돌려서 같은 방향으로 2번째 단을 뜬다. 이 과정을 반복한다.

남색
흰색
2.5m짜리 축융한 코드 각 1줄

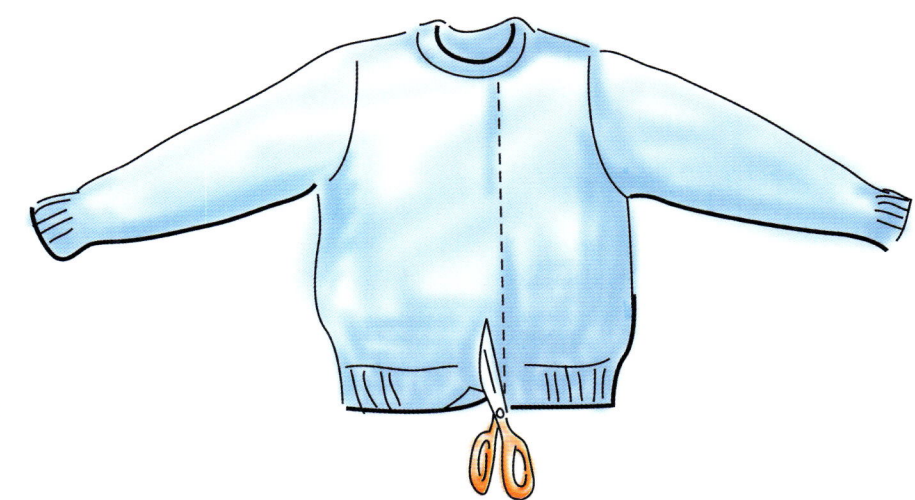

1 도안을 참고해 남색과 흰색 코드를 1줄씩 뜬 뒤 각각 축융해 약 2.5m 길이로 준비합니다.

2 앞중심보다 왼쪽으로 치우쳐서 코를 따라 가위로 뜨개바탕을 자릅니다.

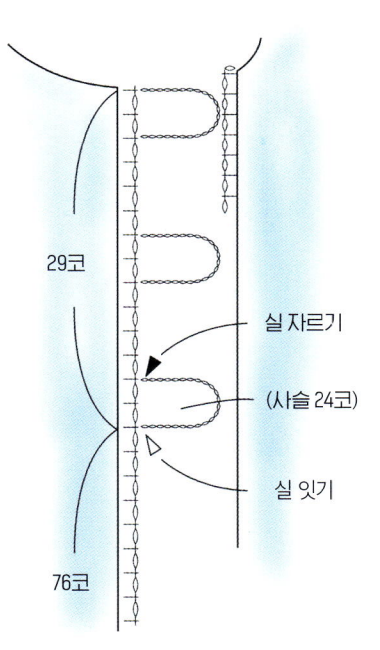
29코
실 자르기
(사슬 24코)
실 잇기
76코

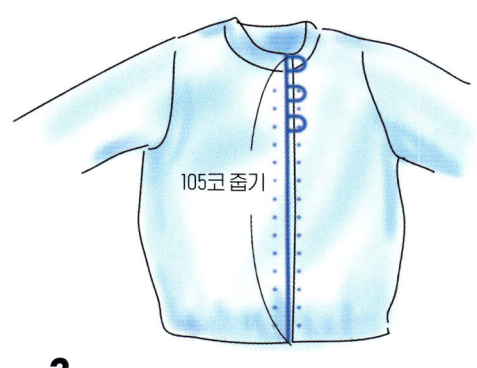
105코 줍기

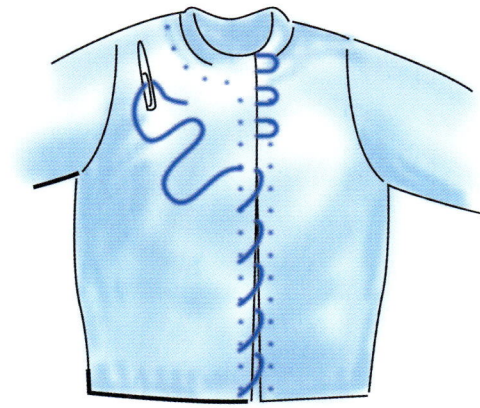

3 자른 앞판의 가장자리를 테두리뜨기로 정돈하고, 오른쪽 앞판에 단춧고리를 뜹니다. 이때 스웨터의 실을 사용합니다.

4 준비해둔 코드를 좌우 균형을 확인하면서 앞판 가장자리와 목둘레에 감습니다.

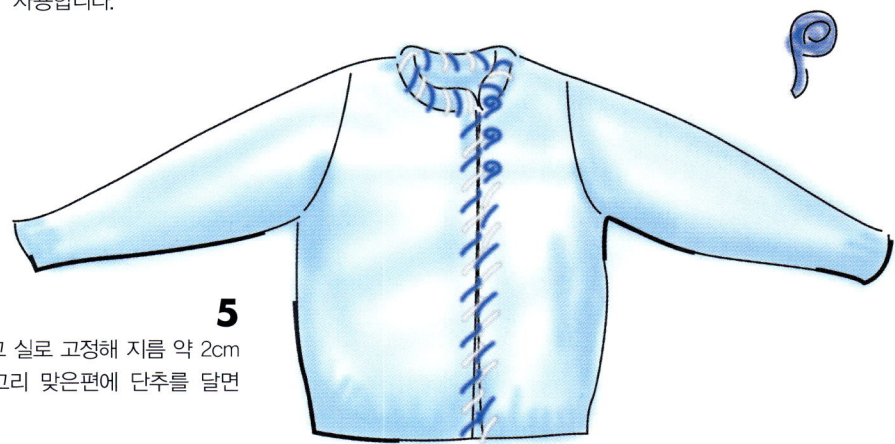

5 남은 코드를 둥글게 감고 실로 고정해 지름 약 2cm 단추를 만듭니다. 단춧고리 맞은편에 단추를 달면 완성입니다.

PART 2 손뜨개 제도의 기초

PART 1에서는 사이즈 조정법을 여러모로 알아보았습니다. 이제부터 제도의 기본을 설명합니다. 제도 과정을 이해하면 사이즈 조정뿐 아니라 디자인을 변형하는 것도 즐길 수 있습니다. 제도를 어렵게 느낄 수 있지만, 차근차근 배우면 자신의 사이즈로 그릴 수 있습니다. 먼저 자신의 사이즈를 알기 위해 치수 재기부터 시작합니다.

몸 각 부분의 치수를 재보자

본격적으로 제도를 하기에 앞서 보디 원형을 그립니다. 보디 원형은 몸의 각 부분의 치수를 토대로 몸의 형태를 간략하게 나타낸 것입니다. 그 토대가 되는 몸의 각 부분을 측정해 데이터를 냅니다. 정확한 사이즈를 재기 위해 몸에 딱 맞는 티셔츠와 바지를 입습니다. 치수를 잴 때는 여유분을 넣지 않고, 수평과 수직으로 측정합니다.

몸의 어느 부분을 측정해야 할까?

목둘레(N = 넥)
N·P(넥 포인트)를 지나 목 아래쪽을 빙 둘러 잽니다.

가슴둘레(B = 버스트)
가슴의 가장 높은 곳을 수평으로 빙 둘러 잽니다.

허리둘레(W = 웨이스트)
허리의 가장 가는 곳을 수평으로 빙 둘러 잽니다.

엉덩이둘레(H = 히프)
엉덩이의 가장 굵은 곳을 수평으로 빙 둘러 잽니다.

엉덩이 길이(H 길이)
허리둘레(W)에서 엉덩이둘레(H)까지 일직선으로 잽니다.

어깨너비
어깨 끝점(S·P = 숄더 포인트)에서 다른 쪽 어깨 끝점까지 몸의 곡선을 따르지 말고 일직선으로 잽니다.

등길이
제1척추뼈(아래를 향하면 튀어나오는 곳)에서 허리둘레(W)까지 잽니다.

소매길이
팔을 자연스럽게 내리고 어깨 끝점(S·P)에서 손목 관절까지 잽니다.

진동 둘레(A·H = 암홀)
그림처럼 팔을 내린 상태의 치수를 여유분 없이 정확하게 잽니다.

팔 둘레
팔의 가장 굵은 곳을 잽니다.

팔꿈치 둘레
팔꿈치 관절의 위쪽을 잽니다.

손목 둘레
손목 복사뼈의 위쪽을 잽니다.

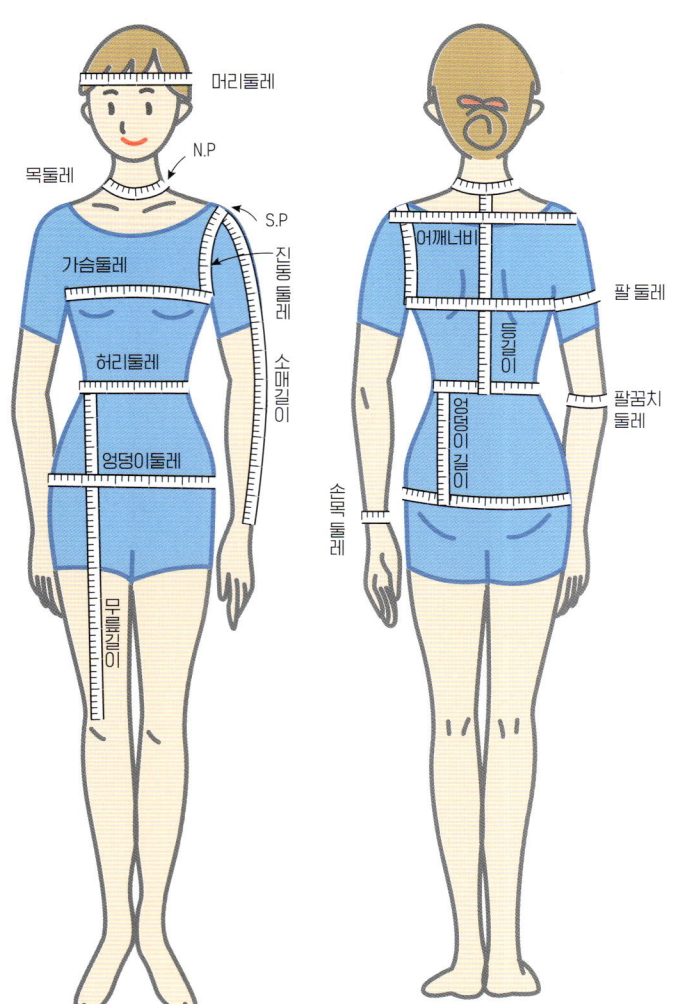

제도에 필요한 몸의 각 부분 약칭
※ 제도를 배울 때 외워두면 편리합니다.

- N(넥) … 목둘레
- B(버스트) … 가슴둘레
- W(웨이스트) … 허리둘레
- H(히프) … 엉덩이둘레
- A·H(암홀) … 진동 둘레
- N·P(넥 포인트) … 어깨선상의 목 아랫점
- S·P(숄더 포인트) … 어깨 끝점

표준 치수

치수는 전부 재는 것이 원칙입니다. 다만 측정하기 어렵다면 표준 치수를 참고해 제도합니다.

(단위 : cm)

구분	120cm	여성			남성		
나이	5~6	작은 사이즈	표준 사이즈	큰 사이즈	작은 사이즈	표준 사이즈	큰 사이즈
목둘레(N)	28~30	32~35	33~36	34~37	34~37	36~39	38~41
가슴둘레(B)	58~60	80	84	88	88	92	96
허리둘레(W)	58~60	58	64	68	72	74	76
엉덩이둘레(H)	58~60	88	92	96	86	88	90
엉덩이 길이(H 길이)	12	17	18	19	20	21	22
어깨너비	26	33	35	37	40	42	44
등길이	24~25	36	37	38	42	45	48
어깨 경사(☆)	2	4	4	4	4	4	4
뒤 목둘레 깊이(☆)	1	1.5	1.5	1.5	1.5	1.5	1.5
소매길이	32	48	50	52	53	55	57
진동 둘레	26	32	34	36	38	40	42
팔 둘레	22	26	28	30	29	31	33
팔꿈치 둘레	16	21	22	23	25	26	27
손목 둘레	13	15	16	17	17	18	19
팔꿈치 길이※	19.2	28.8	30	31.2	31.8	33	34.2
무릎길이	36~38	54	56	58	58	60	62

☆은 고정 수치입니다.
※ 팔꿈치 길이 = 소매길이 × 3/5(계산한 수치)

제도용 도구

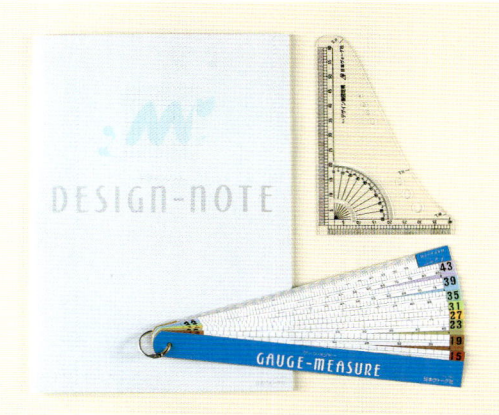

디자인 노트 실물의 ¼ 사이즈로 그리는 제도를 위한 ¼ 모눈이 인쇄되어 있습니다.
디자인 제도자 ¼ 제도용 ¼ 눈금이 새겨진 자입니다.
게이지 자 ¼ 눈금이 새겨져 있고 곡선을 잴 수 있게 잘 휘어지는 축도자와 곡선 등을 계산할 때 필요한 자가 세트로 들어 있습니다.

이 축도자로 곡선 치수를 잽니다.

보디 원형을 그려보자

니트 제도는 몇 가지 방법으로 할 수 있는데, 보디 원형에서 전개해 그리는 방법을 설명합니다. 정통적인 이 방법은 기본적인 부분을 제대로 이해해두면 니트 디자인과 제작에 유용합니다. 여성의 표준 사이즈 보디 원형을 차례대로 설명하니 자신의 사이즈로 한번 그려보세요.
※ 보디 원형은 일반적으로 점선으로 그립니다.

보디 원형 뒤판 : 마주 봤을 때 오른쪽 절반 그리기
굵은 선이 교차한 곳에서 시작합니다.

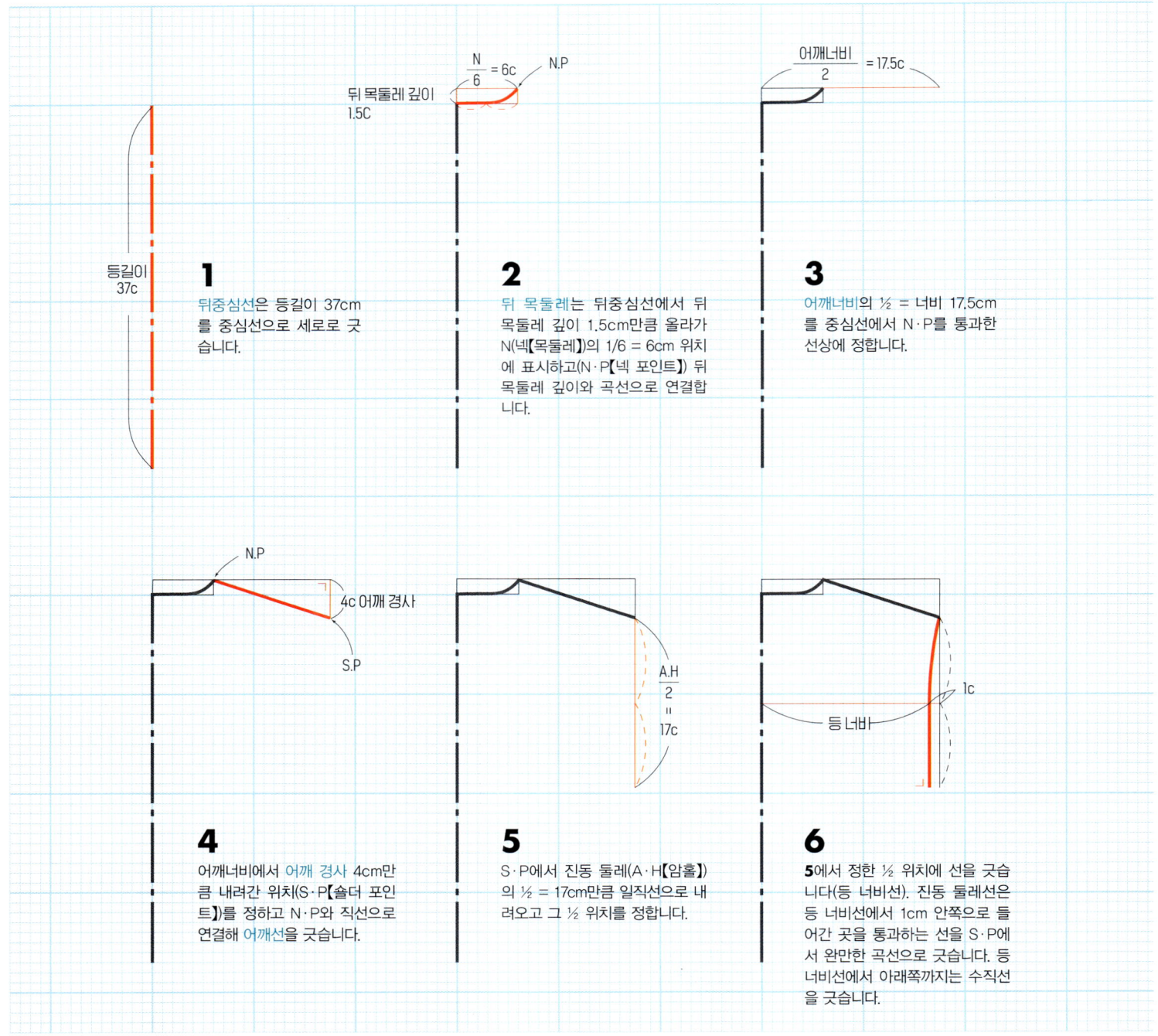

1 뒤중심선은 등길이 37cm를 중심선으로 세로로 긋습니다.

2 뒤 목둘레는 뒤중심선에서 뒤 목둘레 깊이 1.5cm만큼 올라가 N(넥【목둘레】)의 1/6 = 6cm 위치에 표시하고(N·P【넥 포인트】) 뒤 목둘레 깊이와 곡선으로 연결합니다.

3 어깨너비의 ½ = 너비 17.5cm를 중심선에서 N·P를 통과한 선상에 정합니다.

4 어깨너비에서 어깨 경사 4cm만큼 내려간 위치(S·P【숄더 포인트】)를 정하고 N·P와 직선으로 연결해 어깨선을 긋습니다.

5 S·P에서 진동 둘레(A·H【암홀】)의 ½ = 17cm만큼 일직선으로 내려오고 그 ½ 위치를 정합니다.

6 5에서 정한 ½ 위치에 선을 긋습니다(등 너비선). 진동 둘레선은 등 너비선에서 1cm 안쪽으로 들어간 곳을 통과하는 선을 S·P에서 완만한 곡선으로 긋습니다. 등 너비선에서 아래쪽까지는 수직선을 긋습니다.

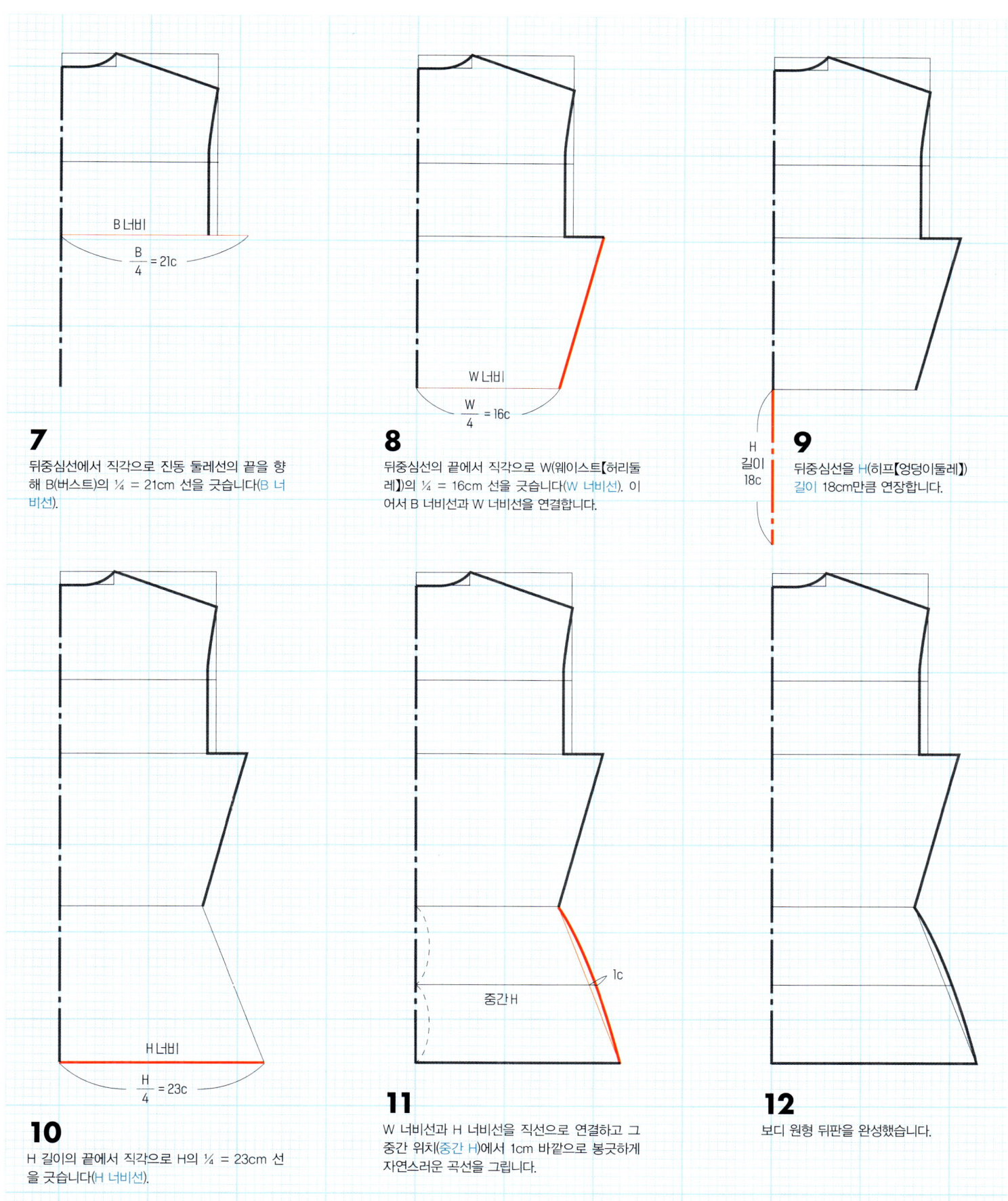

7
뒤중심선에서 직각으로 진동 둘레선의 끝을 향해 B(버스트)의 ¼ = 21cm 선을 긋습니다(B 너비선).

8
뒤중심선의 끝에서 직각으로 W(웨이스트【허리둘레】)의 ¼ = 16cm 선을 긋습니다(W 너비선). 이어서 B 너비선과 W 너비선을 연결합니다.

9
뒤중심선을 H(히프【엉덩이둘레】) 길이 18cm만큼 연장합니다.

10
H 길이의 끝에서 직각으로 H의 ¼ = 23cm 선을 긋습니다(H 너비선).

11
W 너비선과 H 너비선을 직선으로 연결하고 그 중간 위치(중간 H)에서 1cm 바깥으로 봉긋하게 자연스러운 곡선을 그립니다.

12
보디 원형 뒤판을 완성했습니다.

보디 원형 앞판 : 마주 봤을 때 왼쪽 절반 그리기

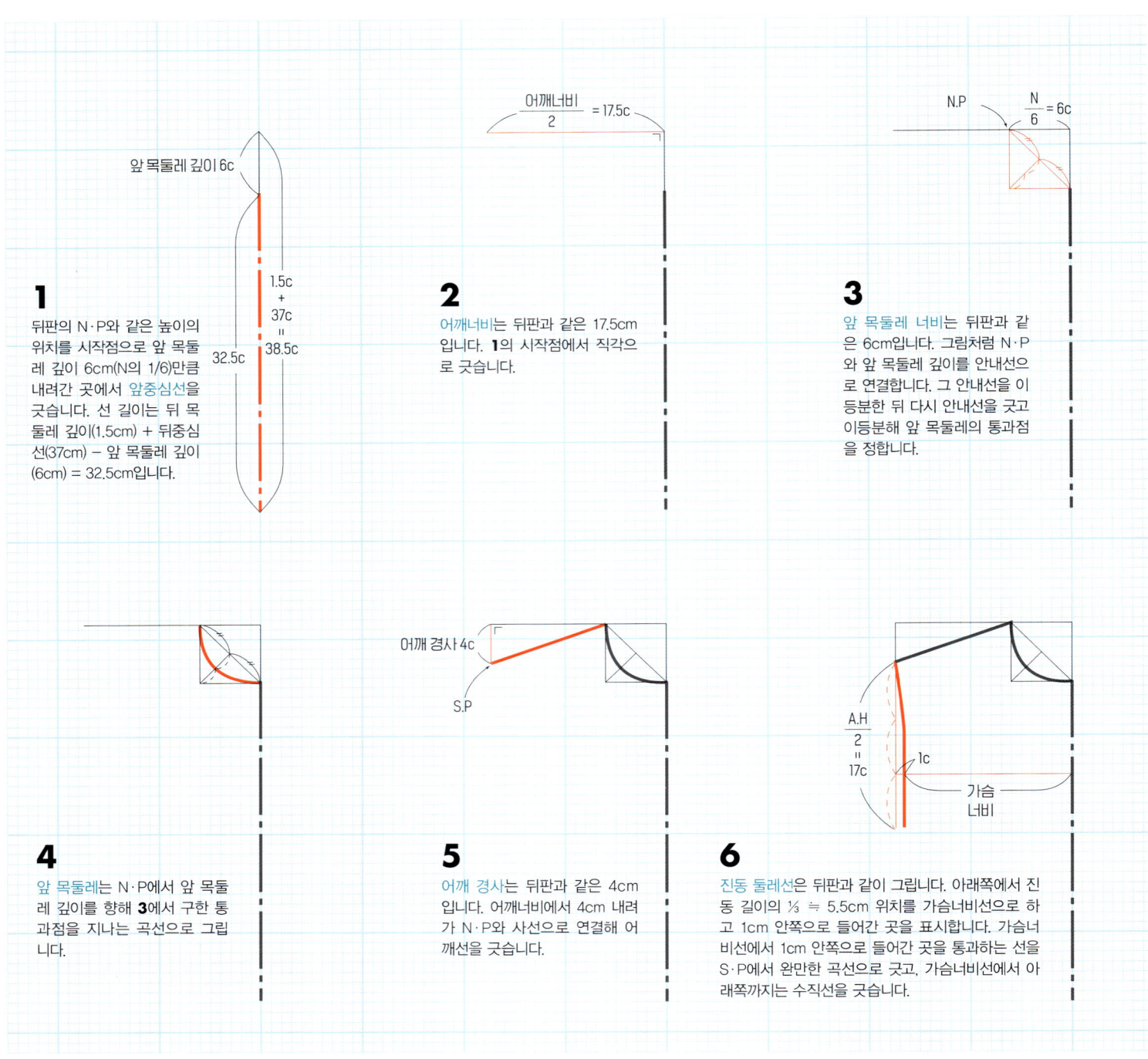

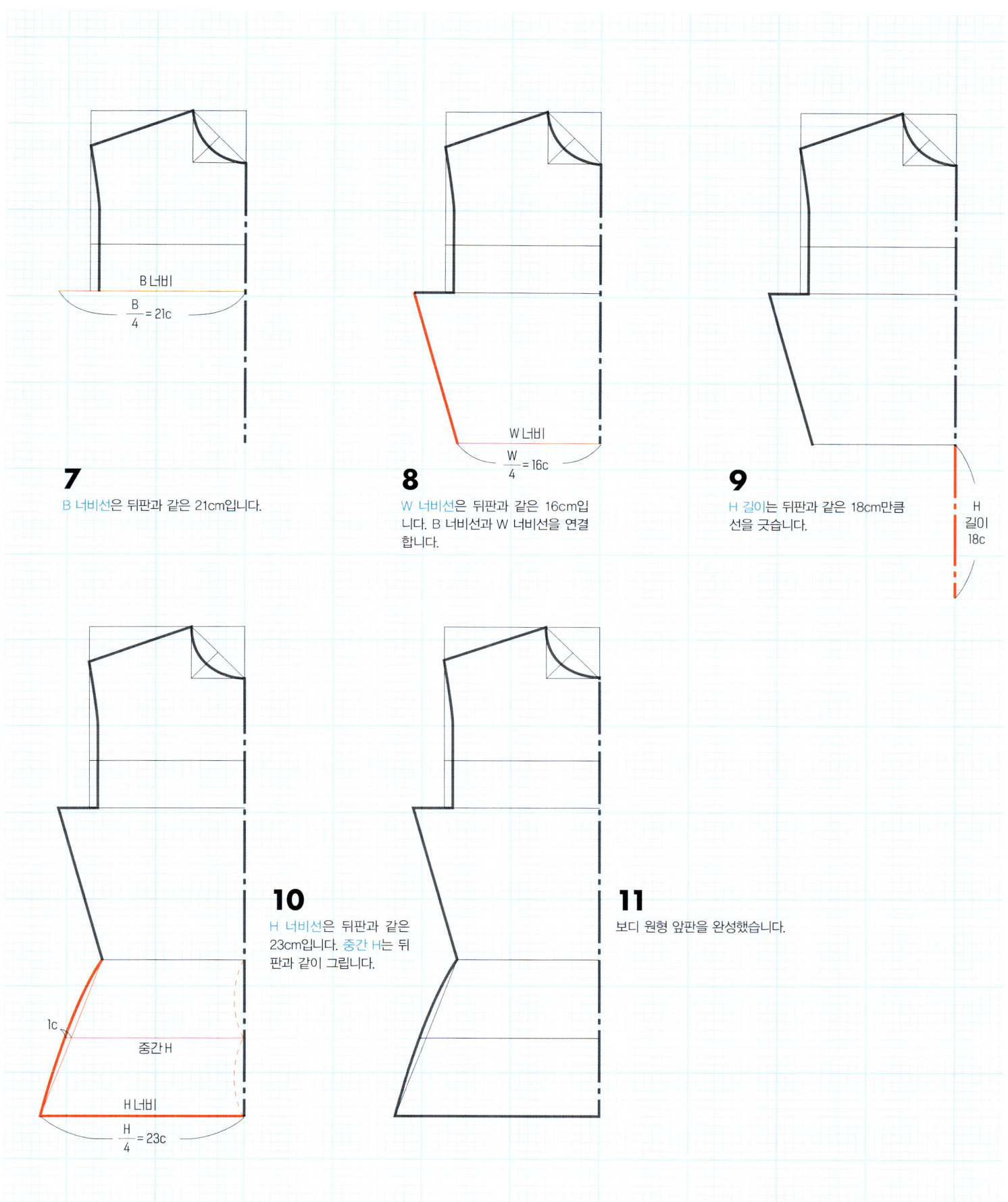

보디 원형 소매 : 마주 봤을 때 오른쪽 절반 그리기

일반적으로 몸판을 제도해서 A·H(암홀) 길이를 구하지 않으면 소매 원형을 그릴 수 없습니다. A·H를 21.5cm, 소매 너비를 17.5cm(팔 너비 14cm + 여유분 3.5cm)로 가정해 원형을 그립니다.

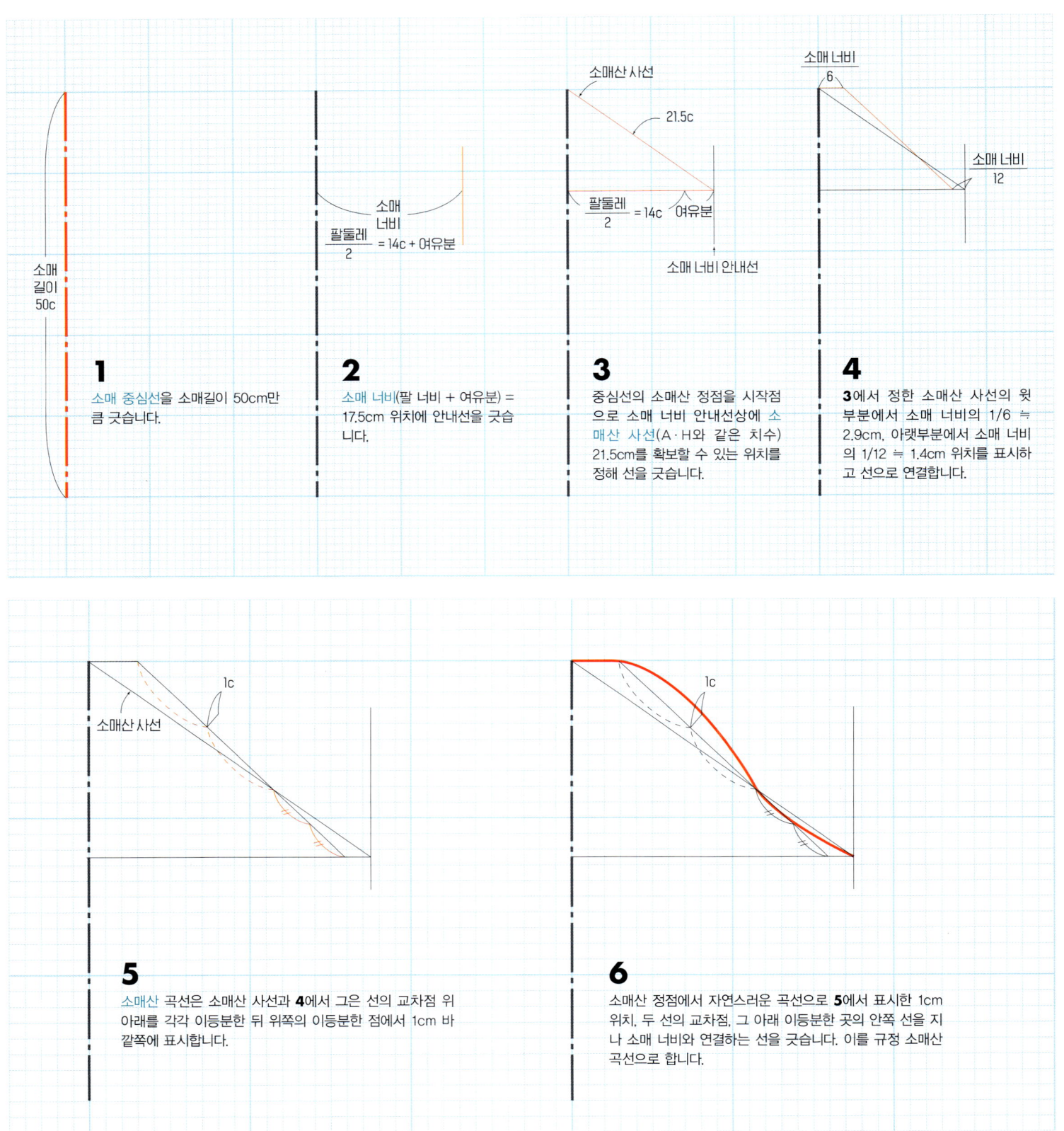

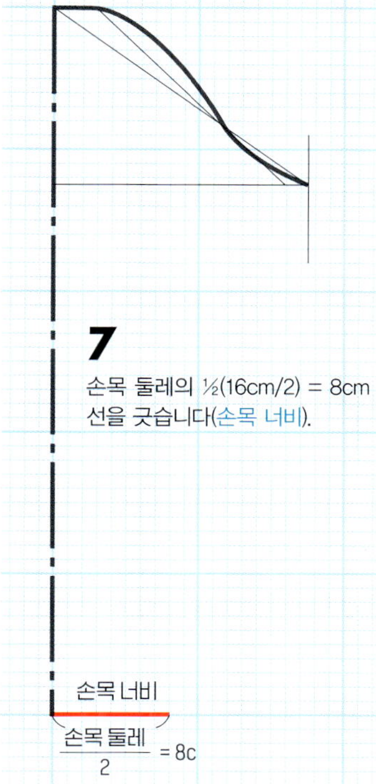

7
손목 둘레의 ½(16cm/2) = 8cm 선을 긋습니다 (손목 너비).

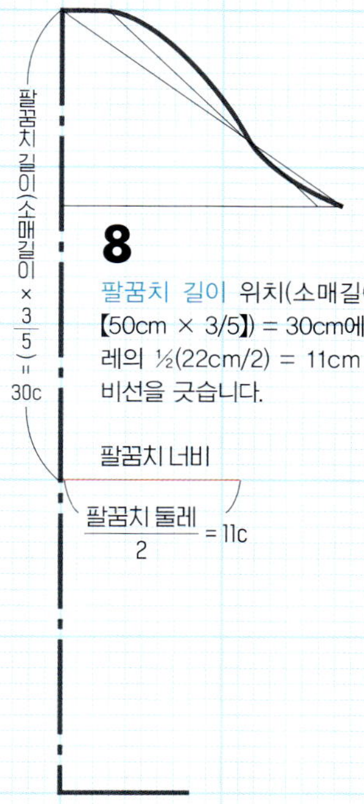

손목 너비
$\dfrac{\text{손목 둘레}}{2}$ = 8c

8
팔꿈치 길이 위치(소매길이 × 3/5 【50cm × 3/5】) = 30cm에 팔꿈치 둘레의 ½(22cm/2) = 11cm 팔꿈치 너비선을 긋습니다.

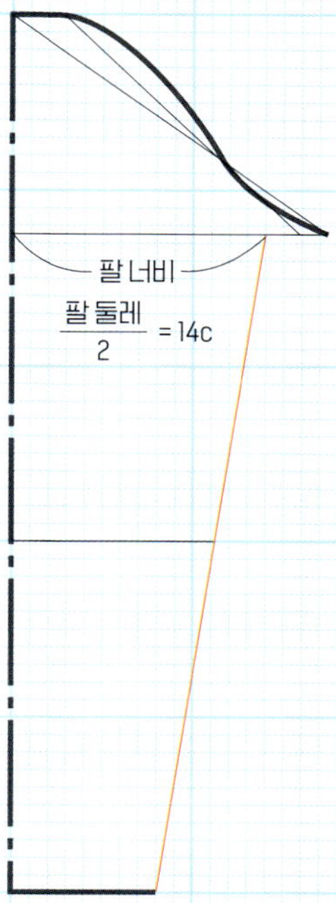

팔꿈치 길이(소매길이 × $\dfrac{3}{5}$) = 30c

팔꿈치 너비
$\dfrac{\text{팔꿈치 둘레}}{2}$ = 11c

9
팔 너비, 팔꿈치 너비, 손목 너비를 연결해 소매 밑선을 긋습니다. 이때 팔 너비선은 소매산 곡선의 시작점 위치에 긋습니다.

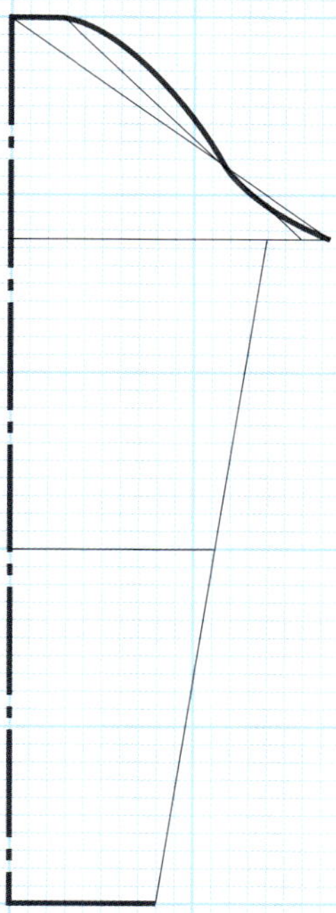

팔 너비
$\dfrac{\text{팔둘레}}{2}$ = 14c

10
보디 원형 소매를 완성했습니다.

여성 표준 보디 원형

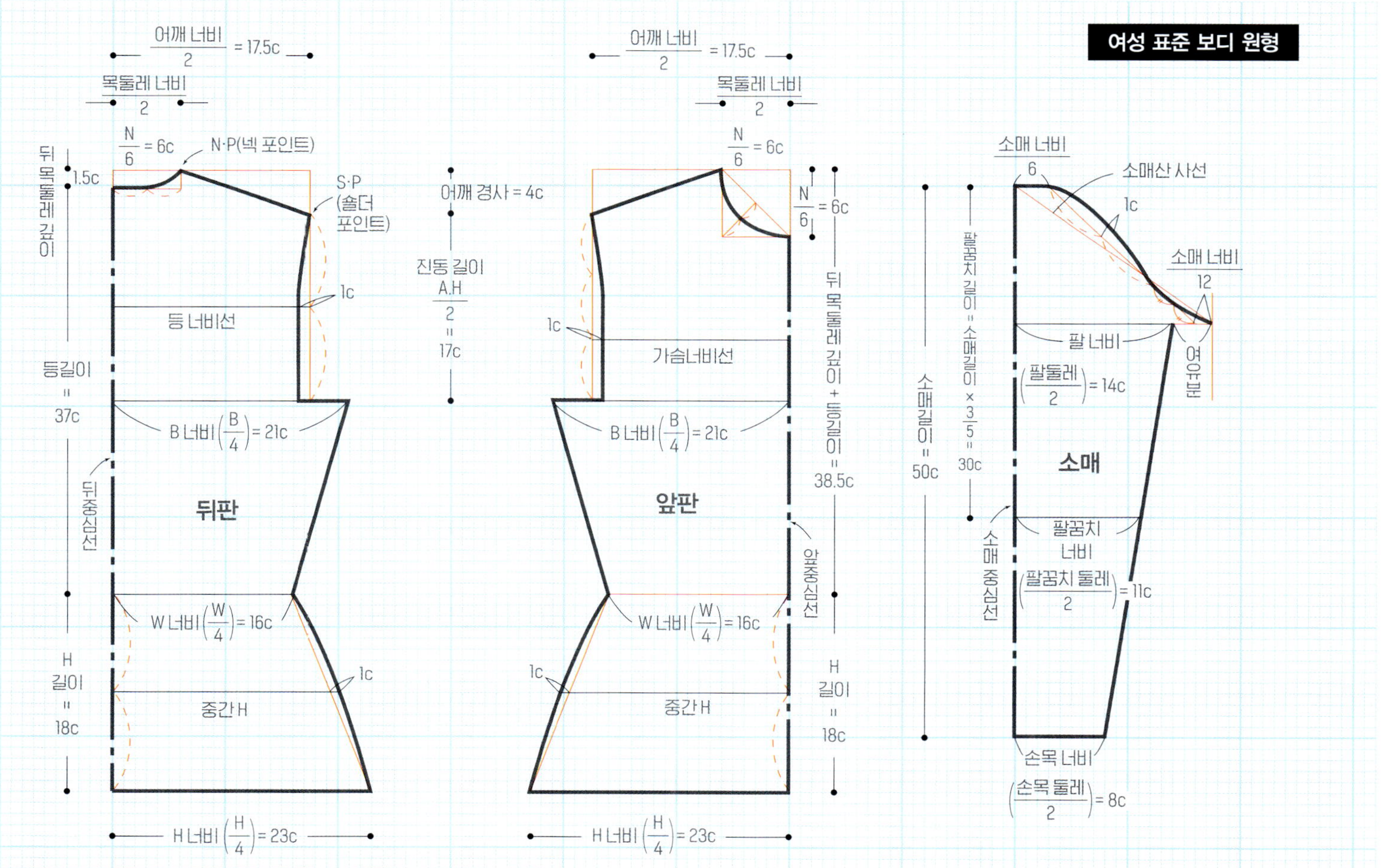

뒤판

$\dfrac{\text{어깨 너비}}{2}$ = 17.5c

$\dfrac{\text{목둘레 너비}}{2}$

$\dfrac{N}{6}$ = 6c

N·P(넥 포인트)

S·P (숄더 포인트)

뒤목둘레 깊이 = 1.5c

등 너비선

1c

등길이 = 37c

뒤중심선

B 너비 $\left(\dfrac{B}{4}\right)$ = 21c

W 너비 $\left(\dfrac{W}{4}\right)$ = 16c

중간 H

H 길이 = 18c

H 너비 $\left(\dfrac{H}{4}\right)$ = 23c

앞판

$\dfrac{\text{어깨 너비}}{2}$ = 17.5c

$\dfrac{\text{목둘레 너비}}{2}$

$\dfrac{N}{6}$ = 6c

어깨 경사 = 4c

진동 길이 $\dfrac{A.H}{2}$ = 17c

$\dfrac{N}{6}$ = 6c

1c

가슴너비선

B 너비 $\left(\dfrac{B}{4}\right)$ = 21c

뒤목둘레 깊이 + 등길이 = 38.5c

앞중심선

W 너비 $\left(\dfrac{W}{4}\right)$ = 16c

1c

중간 H

H 길이 = 18c

H 너비 $\left(\dfrac{H}{4}\right)$ = 23c

소매

소매 너비
$\dfrac{6}{}$

소매산 사선

1c

소매 너비
$\dfrac{}{12}$

팔 너비
$\dfrac{\text{팔둘레}}{2}$ = 14c

여유분

소매길이 = 50c

팔꿈치 길이 = 소매길이 × $\dfrac{3}{5}$ = 30c

소매 중심선

팔꿈치 너비
$\dfrac{\text{팔꿈치 둘레}}{2}$ = 11c

손목 너비
$\left(\dfrac{\text{손목 둘레}}{2}\right)$ = 8c

스웨터를 제도해보자

보디 원형을 토대로 가장 기본적인 스웨터를 제도합니다. 가슴둘레의 여유분과 스웨터 길이는 취향에 따라 정하지만, 일반적인 실루엣을 참고해 제도하기로 합니다. 차례대로 설명하니 자신의 보디 원형에 제도해보세요.

이 제도로 이 작품을 완성할 수 있습니다.
※ 기본 작품(→P.7)과 같습니다.

스웨터 뒤판

보디 원형은 점선으로 그립니다. 뒤판은 오른쪽 절반을 제도합니다.

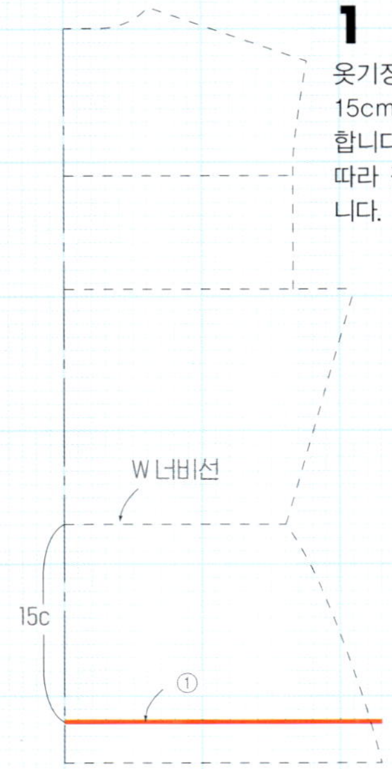

1 옷기장을 W 너비선에서 15cm 내려간 위치에 정합니다. 옷기장은 취향에 따라 길이를 조정하면 됩니다.

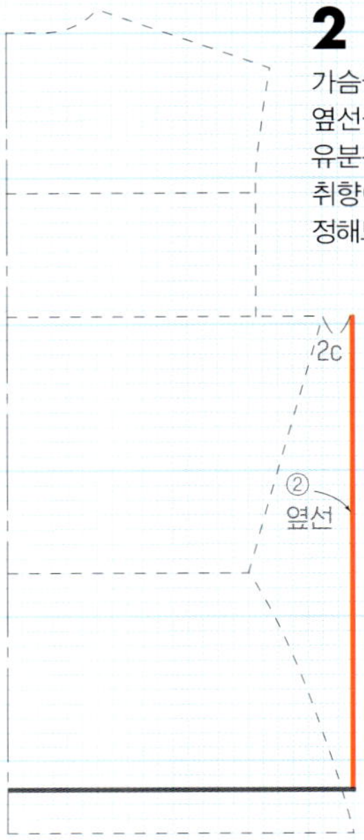

2 가슴둘레는 여유분 2cm를 넣어 옆선을 긋습니다. 가슴둘레 여유분은 2cm 정도가 적당하지만, 취향에 따라 여유분 치수를 조정해도 괜찮습니다.

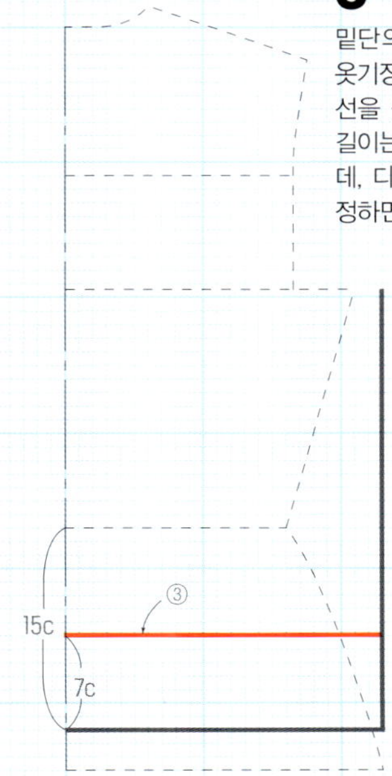

3 밑단의 고무뜨기 길이는 옷기장 7cm 안쪽에 평행선을 긋습니다. 고무뜨기 길이는 6~7cm가 표준인데, 디자인에 따라 길이를 정하면 됩니다.

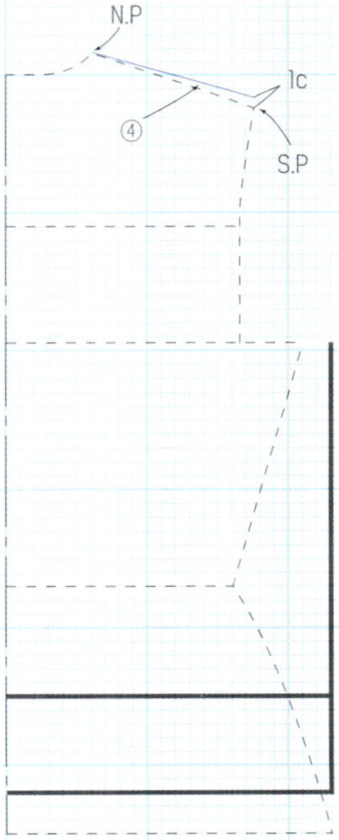

4 S·P(숄더 포인트)를 1cm 올려 N·P(넥 포인트)에서 안내선을 긋습니다. 1cm를 올린 이유는 어깨에 여유분을 약간 넣기 위해서입니다.

목둘레 곡선 재기

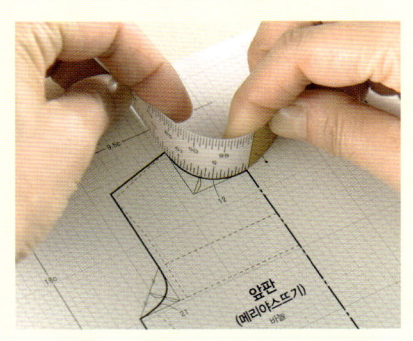

¼ 축도의 눈금이 새겨진 게이지 자(→P.33)를 이용해 제도한 목둘레의 곡선에 대고 길이를 잽니다.

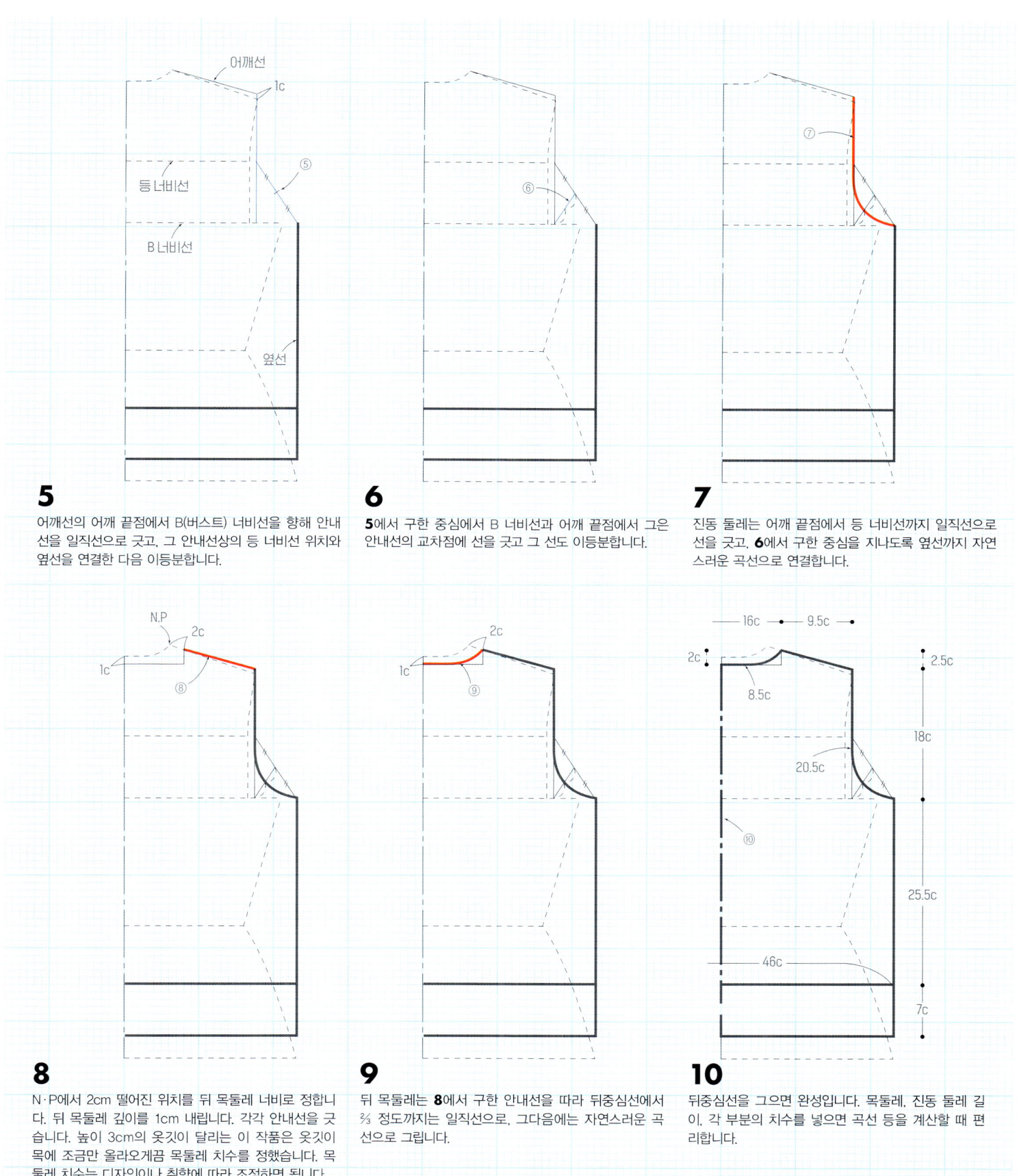

5
어깨선의 어깨 끝점에서 B(버스트) 너비선을 향해 안내선을 일직선으로 긋고, 그 안내선상의 등 너비선 위치와 옆선을 연결한 다음 이등분합니다.

6
5에서 구한 중심에서 B 너비선과 어깨 끝점에서 그은 안내선의 교차점에 선을 긋고 그 선도 이등분합니다.

7
진동 둘레는 어깨 끝점에서 등 너비선까지 일직선으로 선을 긋고, 6에서 구한 중심을 지나도록 옆선까지 자연스러운 곡선으로 연결합니다.

8
N·P에서 2cm 떨어진 위치를 뒤 목둘레 너비로 정합니다. 뒤 목둘레 깊이를 1cm 내립니다. 각각 안내선을 긋습니다. 높이 3cm의 옷깃이 달리는 이 작품은 옷깃이 목에 조금만 올라오게끔 목둘레 치수를 정했습니다. 목둘레 치수는 디자인이나 취향에 따라 조정하면 됩니다.

9
뒤 목둘레는 8에서 구한 안내선을 따라 뒤중심선에서 ⅔ 정도까지는 일직선으로, 그다음에는 자연스러운 곡선으로 그립니다.

10
뒤중심선을 그으면 완성입니다. 목둘레, 진동 둘레 길이, 각 부분의 치수를 넣으면 곡선 등을 계산할 때 편리합니다.

스웨터 앞판

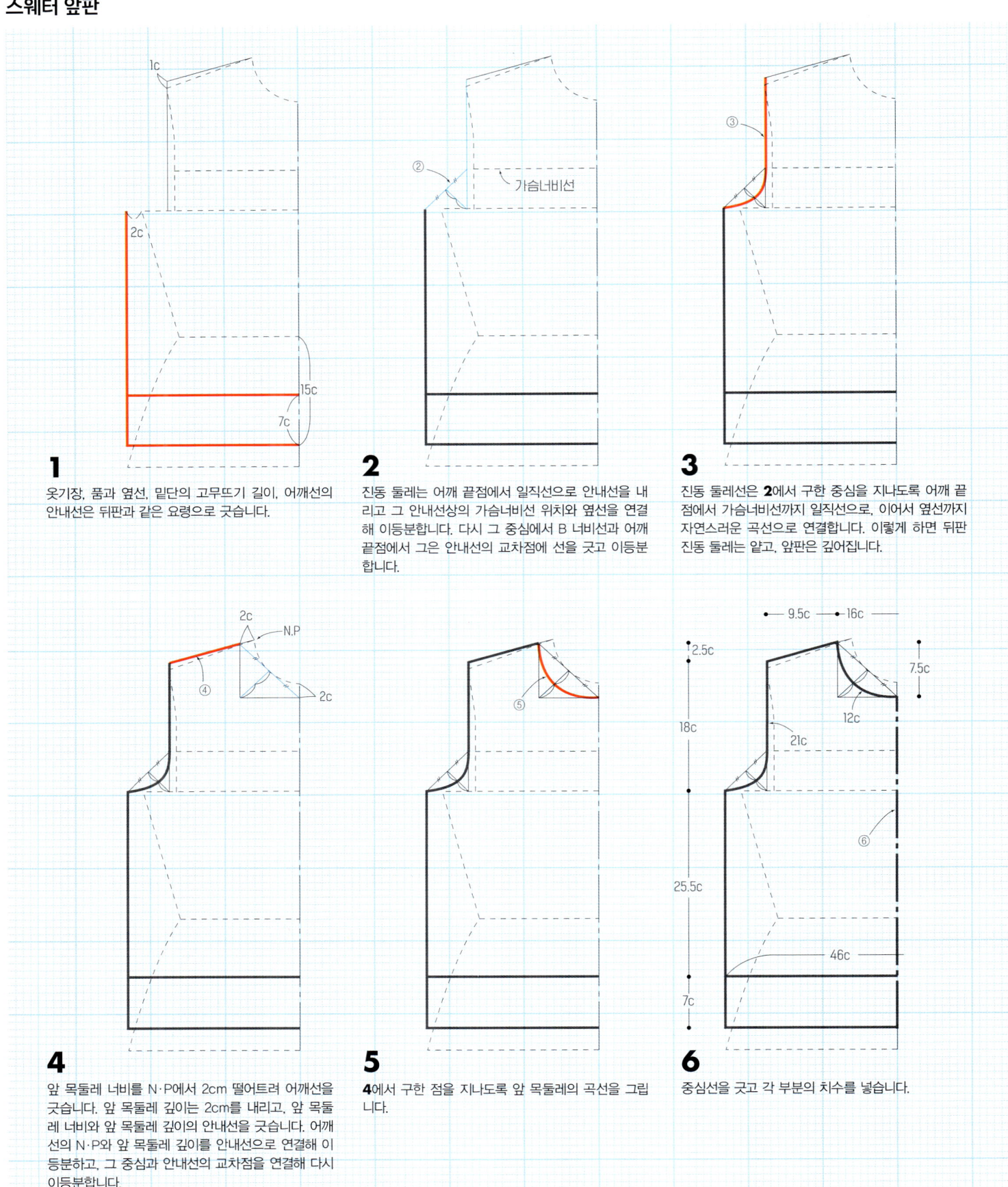

1 옷기장, 품과 옆선, 밑단의 고무뜨기 길이, 어깨선의 안내선은 뒤판과 같은 요령으로 긋습니다.

2 진동 둘레는 어깨 끝점에서 일직선으로 안내선을 내리고 그 안내선상의 가슴너비선 위치와 옆선을 연결해 이등분합니다. 다시 그 중심에서 B 너비선과 어깨 끝점에서 그은 안내선의 교차점에 선을 긋고 이등분합니다.

3 진동 둘레선은 **2**에서 구한 중심을 지나도록 어깨 끝점에서 가슴너비선까지 일직선으로, 이어서 옆선까지 자연스러운 곡선으로 연결합니다. 이렇게 하면 뒤판 진동 둘레는 얕고, 앞판은 깊어집니다.

4 앞 목둘레 너비를 N·P에서 2cm 떨어뜨려 어깨선을 긋습니다. 앞 목둘레 깊이는 2cm를 내리고, 앞 목둘레 너비와 앞 목둘레 깊이의 안내선을 긋습니다. 어깨선의 N·P와 앞 목둘레 깊이를 안내선으로 연결해 이등분하고, 그 중심과 안내선의 교차점을 연결해 다시 이등분합니다.

5 **4**에서 구한 점을 지나도록 앞 목둘레의 곡선을 그립니다.

6 중심선을 긋고 각 부분의 치수를 넣습니다.

스웨터 소매

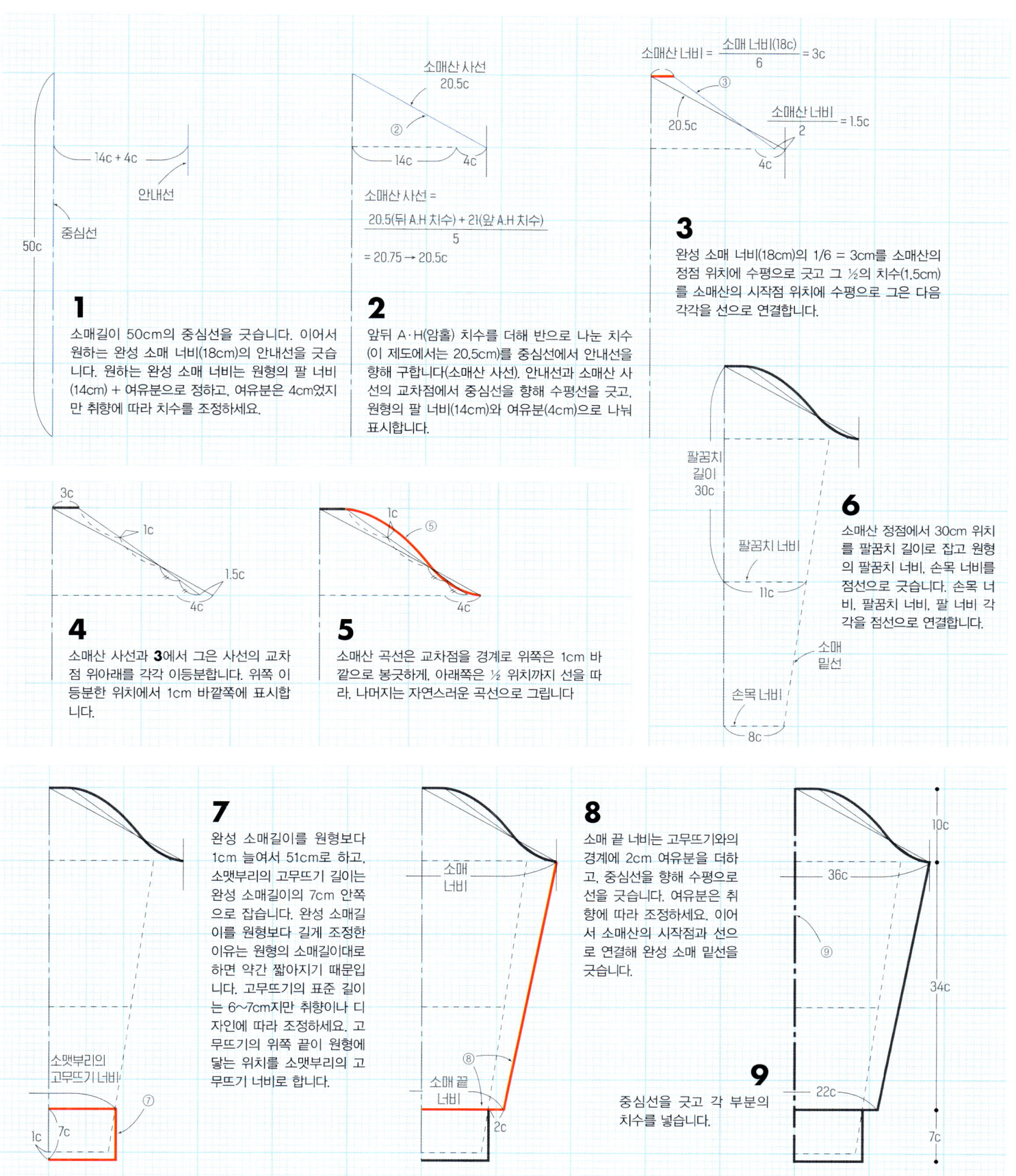

스웨터 옷깃을 변형해보자

● 브이넥 스웨터

라운드 네크라인 스웨터의 옷깃을 브이넥으로 바꿔보겠습니다. 다른 부분은 앞옷깃뿐입니다.
그 외에는 40페이지 스웨터 제도와 같습니다.

게이지(10 × 10cm) : 18코 × 24단
실 : 병태사
바늘 : 대바늘 10호, 5호

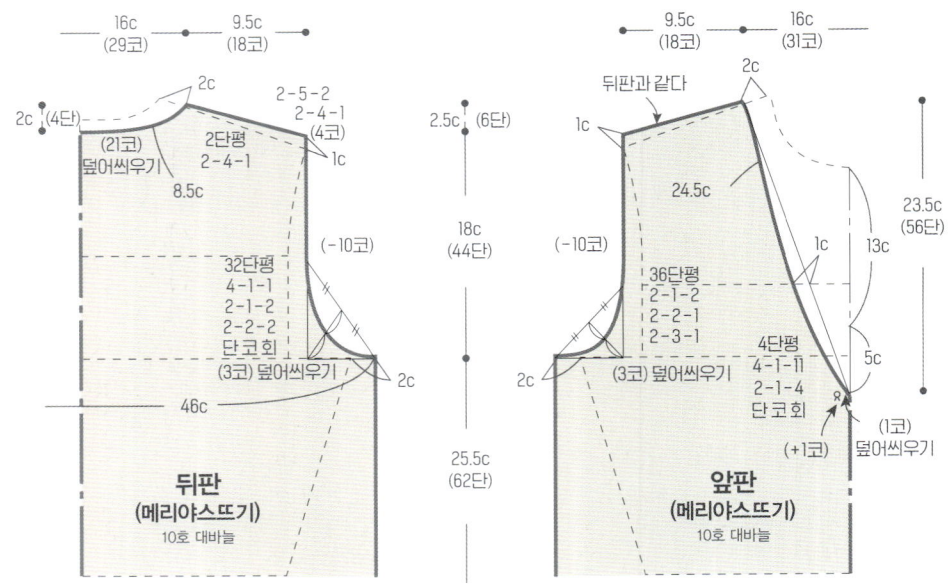

Point

브이넥 깊이 구하는 법 : 브이넥 깊이를 13cm로 정하고, 거기서 5cm 내려간 위치에 표시합니다. 깊이는 취향에 따라 정하는데, 13cm로 했을 때의 이미지는 사진으로 확인해보세요.
※ 브이넥 끝쪽 고무뜨기 깊이는 옷깃 높이의 1.7배가 됩니다. 즉, 3cm 옷깃을 달았다면 브이넥 끝의 깊이 ⇒ 3cm × 1.7 = 5.1 → 5cm가 됩니다.

목둘레 곡선 그리는 법 : N·P(넥 포인트)에서 2cm 떨어진 위치에서 목둘레 깊이 18cm(13cm + 5cm) 위치에 안내선을 긋습니다. 가슴너비선상에서 1cm 안쪽을 지나도록 곡선으로 목둘레선을 그립니다.

옷깃 : 목둘레에 축도자를 대어 치수를 재고 따로 빼내 그림과 같이 나타냅니다.

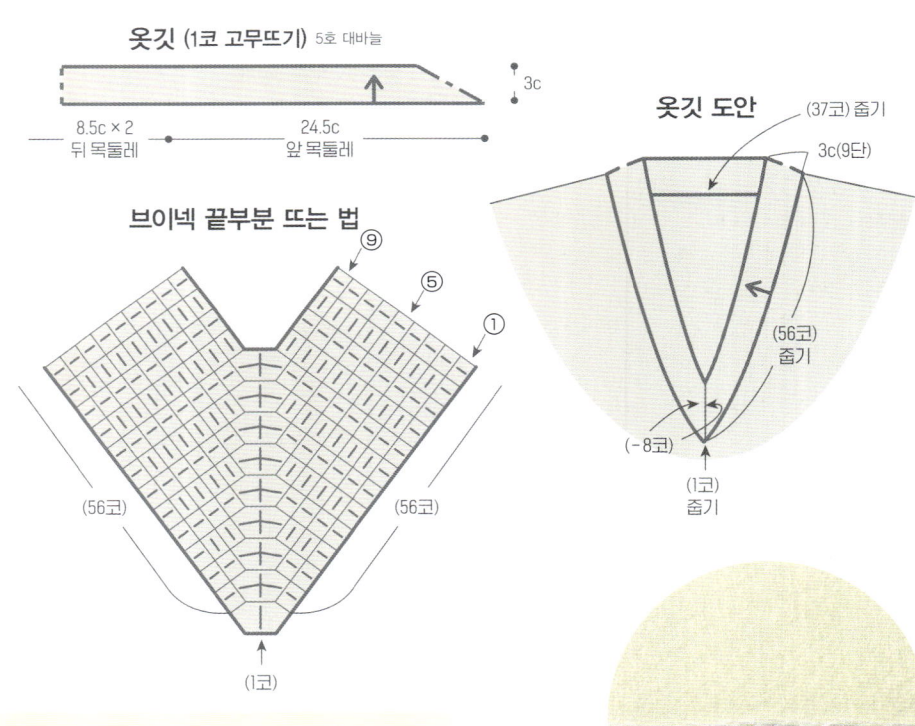

브이넥의 목둘레를 1cm 둥글리는 이유

어깨선에서 브이넥 끝까지 직선으로 연결하면 고무뜨기로 브이넥 끝을 단마다 3코 모아뜨기했을 때 몸판의 목둘레가 심한 예각이어서 각도가 부족해 옷깃이 뜹니다. 곡선으로 각도를 보충하면 몸에 꼭 맞는 고무뜨기를 완성할 수 있습니다.

사용한 실(실물 크기)

Drawing | 손뜨개 작품을 제도하는 법

● 하이넥 스웨터

라운드 네크라인 스웨터의 목둘레 부분을 하이넥으로 바꿔보겠습니다. 목둘레 너비를 좁게 해서 착용했을 때 옷깃이 몸판 쪽으로 흘러내리지 않게 하는 것이 포인트입니다. 목둘레 외에는 40페이지 스웨터 제도와 같습니다.

게이지(10 × 10cm) : 18코 × 24단
실 : 병태사
바늘 : 대바늘 10호, 5호

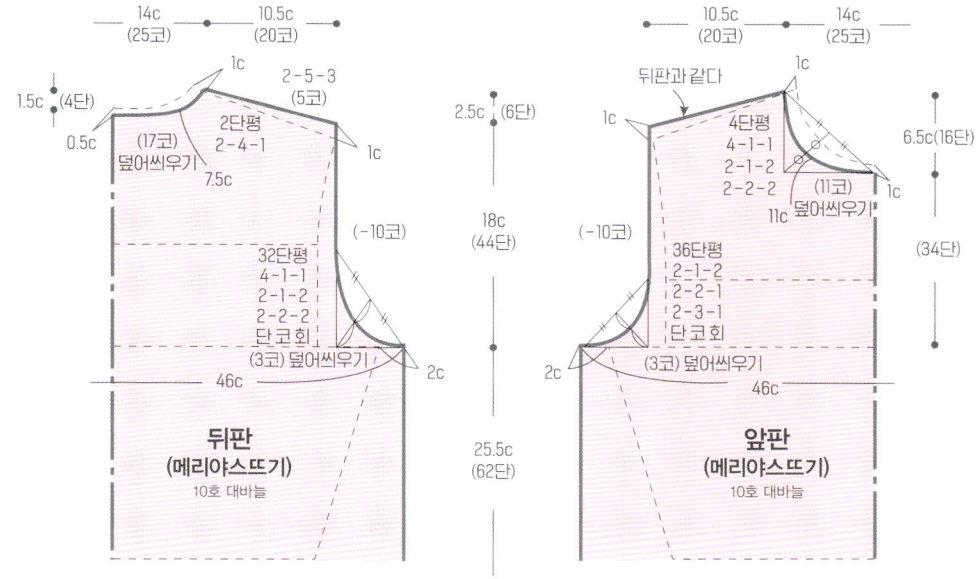

Point

뒤 목둘레 : 목둘레 너비는 N·P(넥 포인트)에서 1cm 떨어지고, 뒤 목둘레 깊이는 원형보다 0.5cm 내려 자연스러운 곡선으로 그립니다.

앞 목둘레 : 목둘레 너비는 N·P(넥 포인트)에서 1cm 떨어지고, 앞 목둘레 깊이는 원형보다 1cm 내려 안내선으로 연결합니다. 그 안내선을 이등분하고 중심에서 안내선 모서리에 선을 그은 다음 다시 그 선을 이등분합니다. 이등분한 점을 지나도록 앞 목둘레의 곡선을 그립니다.

옷깃 : 목둘레에 축도자를 대서 치수를 재고 따로 빼내 그림과 같이 나타냅니다.

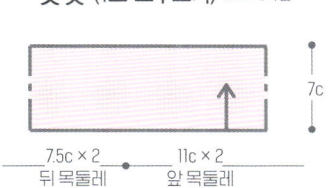

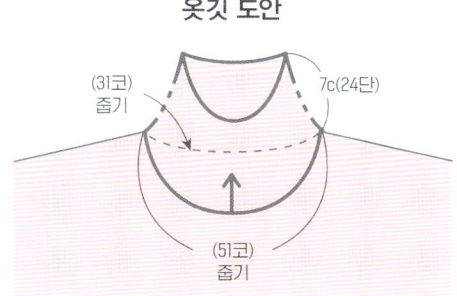

사용한 실(실물 크기)

카디건을 제도해보자

스웨터에 이어 카디건 제도를 설명합니다.

뒤판과 소매는 스웨터와 제도가 같고, 앞판은 중심을 터서 와이 네크라인 카디건으로 만듭니다. 포인트는 앞트임의 깊이를 정하는 법, 앞단 그리는 법, 단춧구멍입니다. 차례대로 설명하니 자신의 보디 원형에 적용해보면서 제도를 익혀보세요

카디건 뒤판

뒤판은 스웨터 제도(→P.40)와 같습니다.

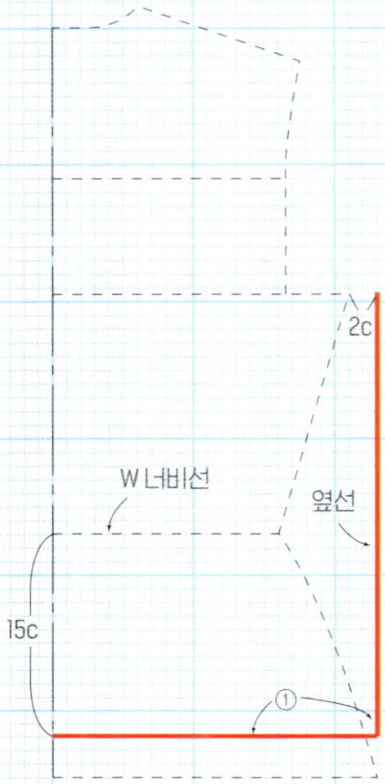

1 옷기장은 W(웨이스트) 너비 선에서 15cm 내려간 위치에 선을 긋고, 버스트 여유분은 2cm로 정해 옆선을 일직선으로 긋습니다.

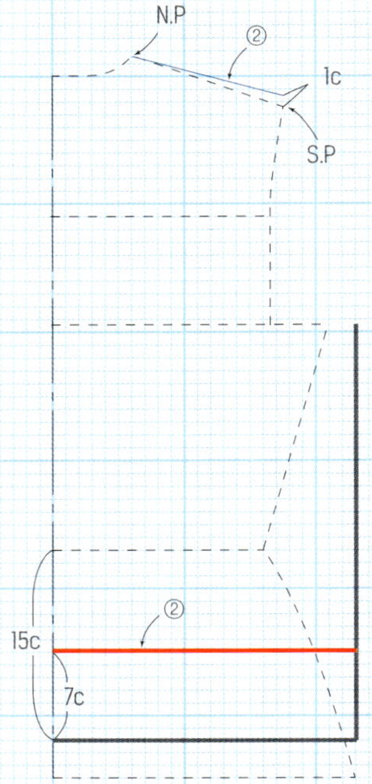

2 밑단의 고무뜨기 길이는 옷기장의 7cm 안쪽에 평행선을 긋습니다. 어깨는 S·P(숄더 포인트)를 1cm 올려 N·P(넥 포인트)에서 안내선을 긋습니다.

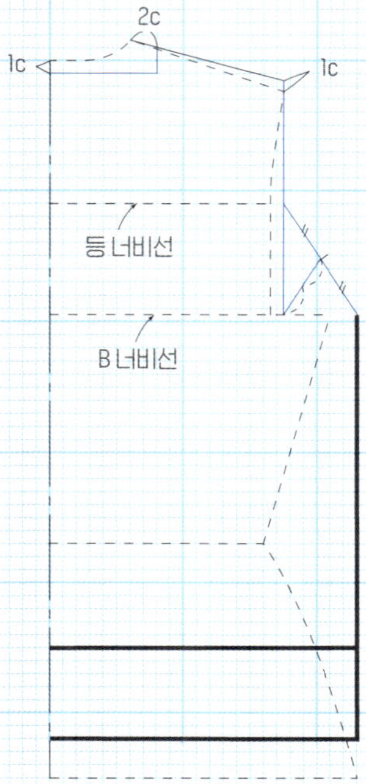

3 어깨 끝점에서 B(버스트) 너비 선을 향해 안내선을 그은 다음 그 안내선상의 등 너비선 위치와 옆선을 연결해 이등분하고, 그 중심에서 선을 긋습니다. 그 선을 다시 이등분해서 중심을 구합니다

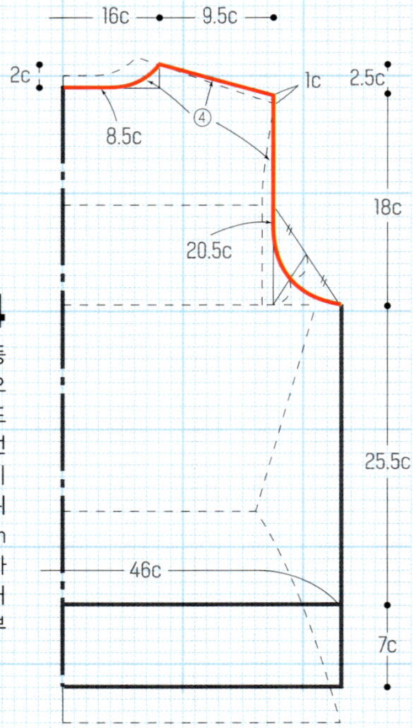

4 진동 둘레는 어깨 끝점에서 등 너비선 위치까지는 일직선으로, **3**에서 구한 중심을 지나도록 자연스러운 곡선으로 옆선까지 그립니다. 뒤 목둘레 너비는 N·P에서 2cm 떨어지고 뒤 목둘레 깊이는 원형보다 1cm 내려서 안내선을 그은 다음 자연스러운 곡선을 그립니다. 어깨선과 중심선을 긋고, 각 부분의 치수를 넣습니다.

카디건 앞판

옷기장, 옆선, 고무뜨기 길이, 어깨선은 뒤판과 같습니다.

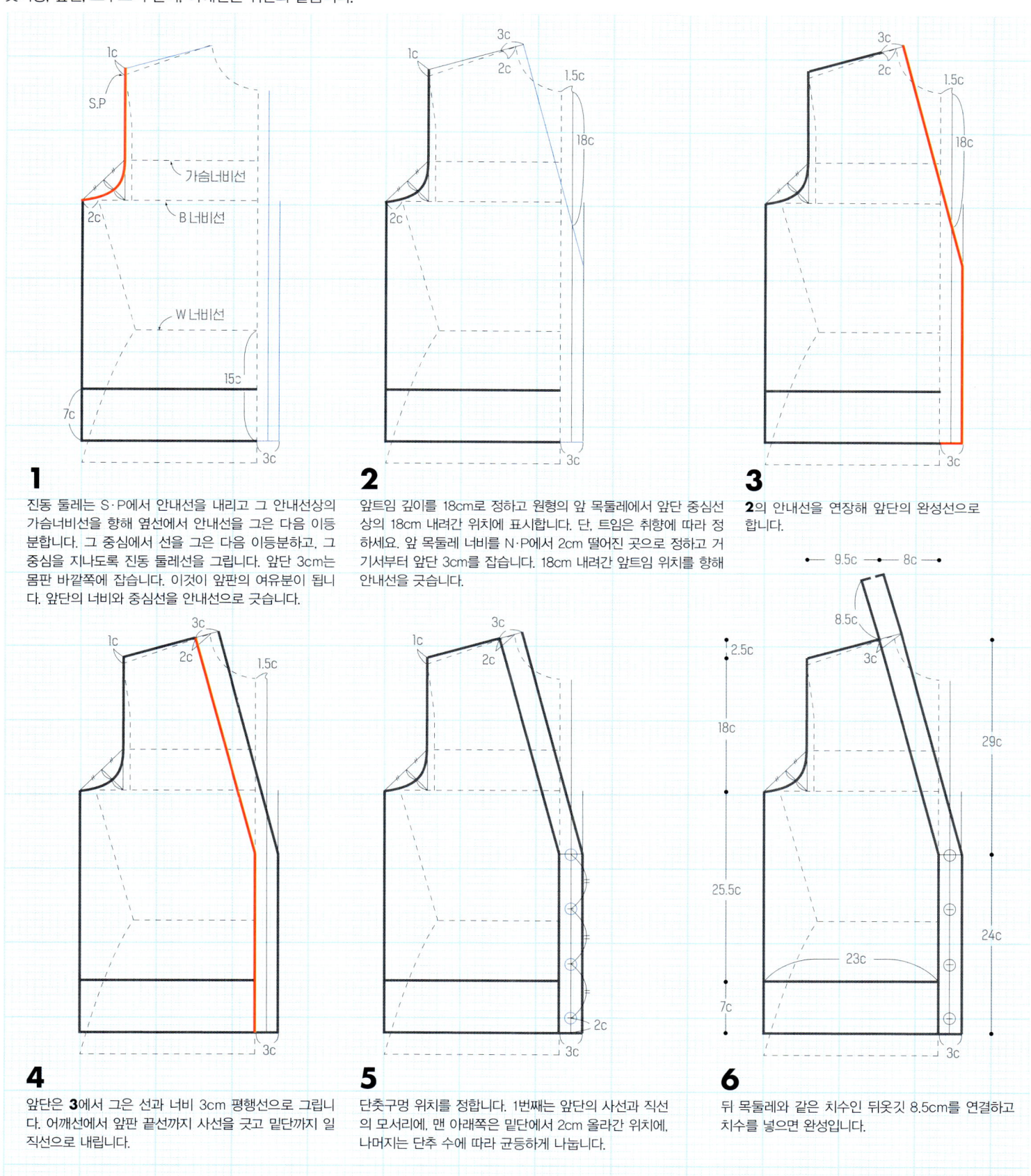

1
진동 둘레는 S·P에서 안내선을 내리고 그 안내선상의 가슴너비선을 향해 옆선에서 안내선을 그은 다음 이등분합니다. 그 중심에서 선을 그은 다음 이등분하고, 그 중심을 지나도록 진동 둘레선을 그립니다. 앞단 3cm는 몸판 바깥쪽에 잡습니다. 이것이 앞판의 여유분이 됩니다. 앞단의 너비와 중심선을 안내선으로 긋습니다.

2
앞트임 깊이를 18cm로 정하고 원형의 앞 목둘레에서 앞단 중심선 상의 18cm 내려간 위치에 표시합니다. 단, 트임은 취향에 따라 정하세요. 앞 목둘레 너비를 N·P에서 2cm 떨어진 곳으로 정하고 거기서부터 앞단 3cm를 잡습니다. 18cm 내려간 앞트임 위치를 향해 안내선을 긋습니다.

3
2의 안내선을 연장해 앞단의 완성선으로 합니다.

4
앞단은 **3**에서 그은 선과 너비 3cm 평행선으로 그립니다. 어깨선에서 앞판 끝선까지 사선을 긋고 밑단까지 일직선으로 내립니다.

5
단춧구멍 위치를 정합니다. 1번째는 앞단의 사선과 직선의 모서리에, 맨 아래쪽은 밑단에서 2cm 올라간 위치에, 나머지는 단추 수에 따라 균등하게 나눕니다.

6
뒤 목둘레와 같은 치수인 뒤옷깃 8.5cm를 연결하고 치수를 넣으면 완성입니다.

카디건 소매
소매는 스웨터 제도(→P.43)와 같습니다. 다시 한번 설명합니다.

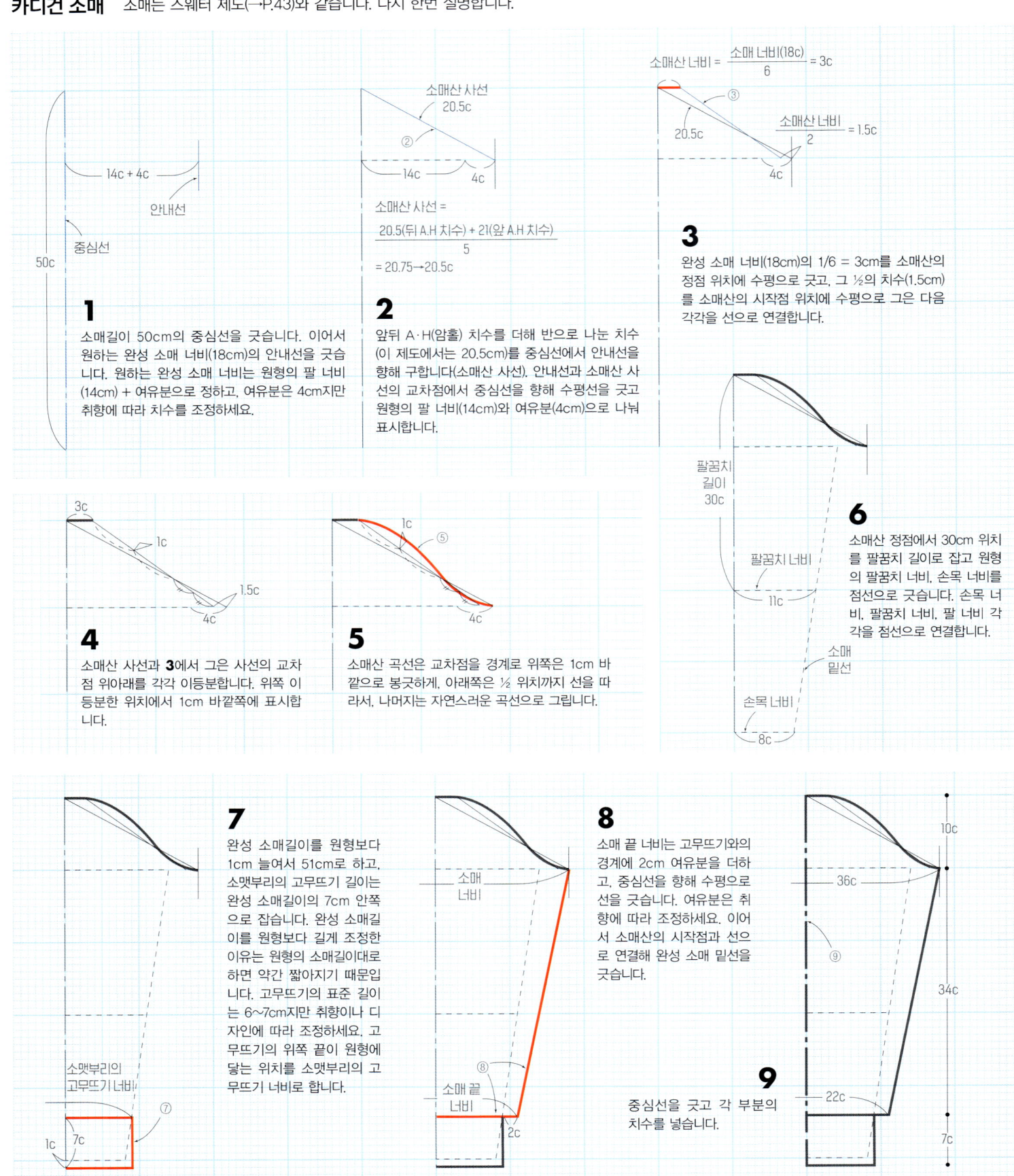

카디건 제도로 뜨개도안을 그려보면

지금까지 설명한 카디건 제도를 이용해 실제 작품을 떠봤습니다. 하나 가지고 있으면 유용한 기본 카디건입니다. 직선과 곡선 등의 계산법은 Part 3에서 자세히 설명합니다.

- 카디건 사이즈
- 가슴둘레 : 95cm
- 어깨너비 : 35cm
- 옷기장 : 53cm
- 소매길이 : 51cm

- 게이지(10 × 10cm) : 18코 × 24단
- 실 : 병태사
- 바늘 : 대바늘 10호, 5호
- 단추 : 지름 1.8cm × 4개

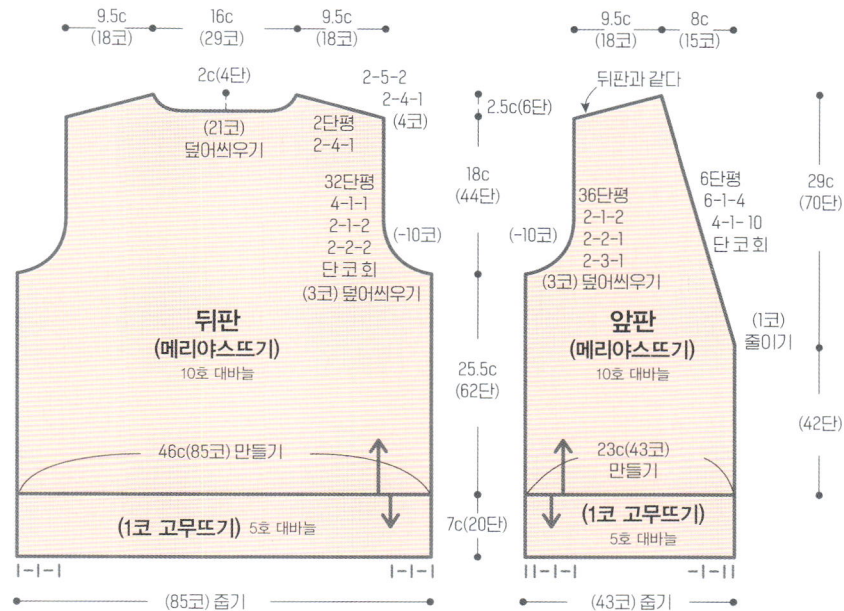

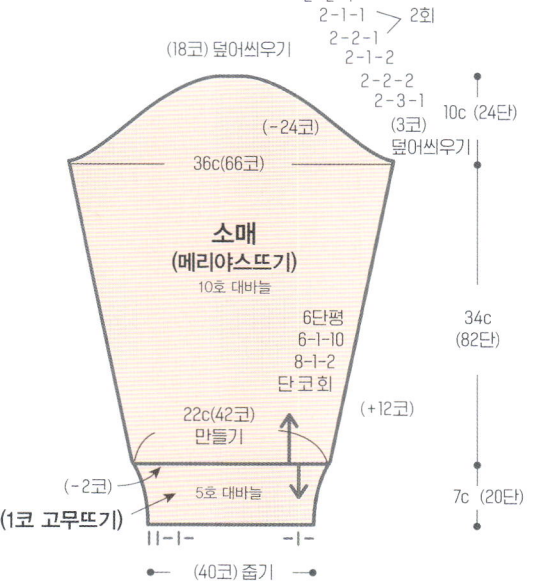

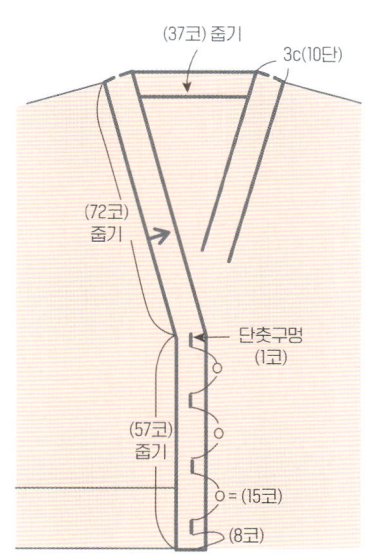

사용한 실(실물 크기)

카디건 옷깃을 변형해보자

● 라운드 네크라인 카디건

스웨터 제도(→P.40)의 앞판을 트고 앞단을 떠서 카디건으로 만들어보겠습니다. 옷깃은 스웨터와 같은 라운드 네크라인입니다. 여성스럽고 사랑스러운 분위기를 자아냅니다. 뒤판과 소매는 스웨터 제도(→P.40)와 같습니다.

게이지(10 × 10cm) : 18코 × 24단
실 : 병태사
바늘 : 대바늘 10호, 5호

Point

앞단 : 밑단, 앞판 가장자리, 옷깃에서 코를 주워 1코 고무뜨기로 뜹니다. 높이는 3cm로 합니다. 앞단의 높이는 디자인이나 취향에 따라 정하세요.

단춧구멍 : 1번째는 위에서 1.5cm 내려간 곳, 맨 아래쪽은 밑단에서 2cm 올라간 곳으로 정합니다. 나머지는 단추 수에 따라 간격을 균등하게 합니다.

사용한 실(실물 크기)

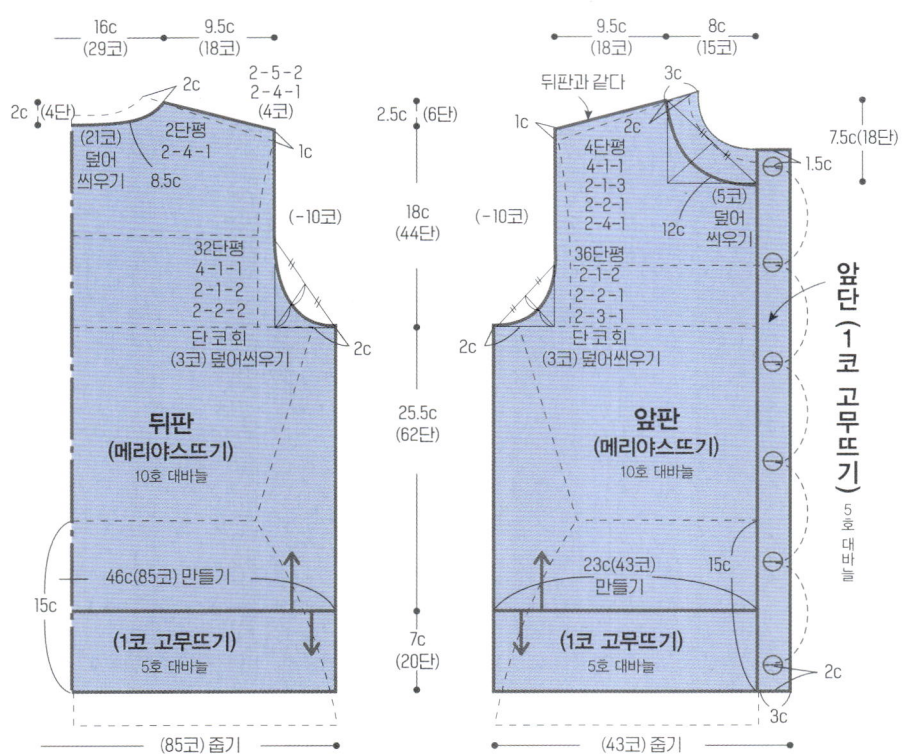

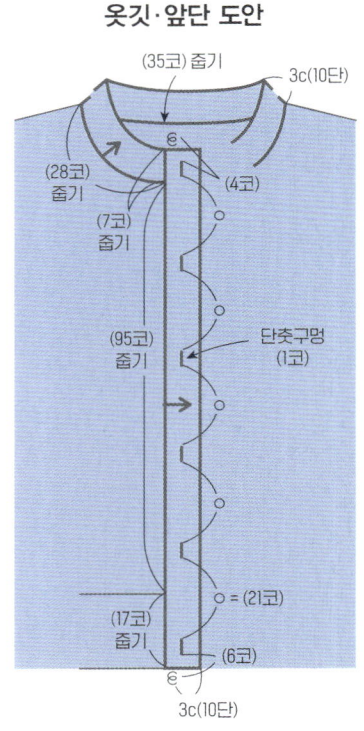

Drawing | 손뜨개 작품을 제도하는 법

● 하이넥 카디건

하이넥 스웨터 제도(→P.45)의 앞판을 터서 하이넥 카디건으로 만들어보겠습니다. 스웨터처럼 목둘레 너비를 좁게 해 착용했을 때 옷깃이 몸판 쪽으로 흘러내리지 않는 것이 포인트입니다. 소매는 스웨터 제도(→P.40)와 같습니다.

게이지(10 × 10cm) : 18코 × 24단
실 : 병태사
바늘 : 대바늘 10호, 5호

Point

뒤 목둘레 : 목둘레 너비는 N·P(넥 포인트)에서 1cm 떨어지고 뒤 목둘레 깊이는 원형보다 0.5cm 내려 자연스러운 곡선으로 그립니다.

앞 목둘레 : 앞판을 중심에서 절개해 목둘레 너비는 N·P(넥 포인트)에서 1cm 떨어지고 앞 목둘레 깊이는 원형보다 1cm 내려서 안내선으로 연결합니다. 그 안내선을 이등분하고 중심에서 선을 그어 다시 이등분한 다음 이등분한 점을 지나도록 앞 목둘레를 곡선으로 그립니다.

사용한 실(실물 크기)

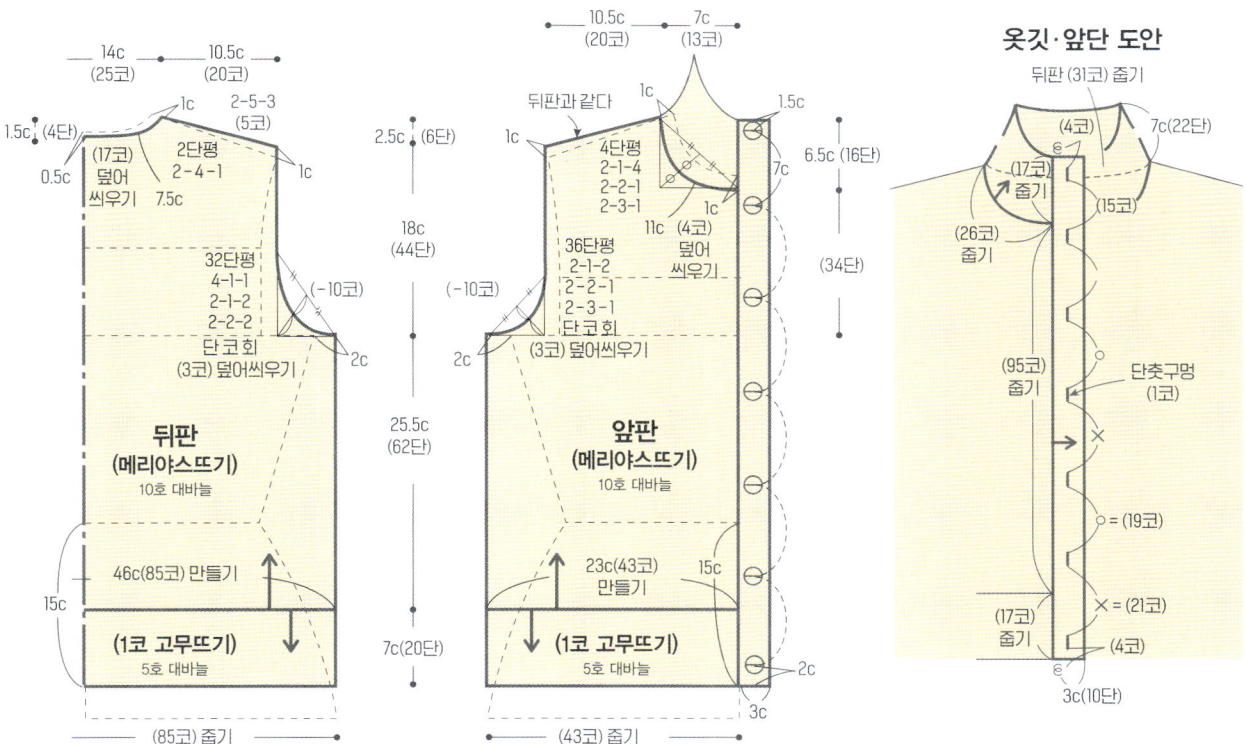

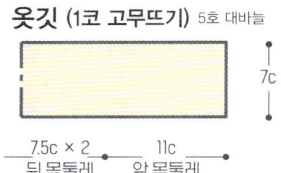

단춧구멍을 옷깃과 몸판 경계에 만들면 옷깃이 안정되어 단추를 풀고 입었을 때 예쁩니다. 1번째 단추는 위에서 1.5cm 내려간 곳, 2번째는 몸판과 옷깃의 경계, 맨 아래쪽은 밑단에서 2cm 올라간 곳에 위치를 정합니다. 나머지는 2번째와 맨 아래쪽 단추 사이를 균등하게 나눠 원하는 개수의 단춧구멍을 정합니다.

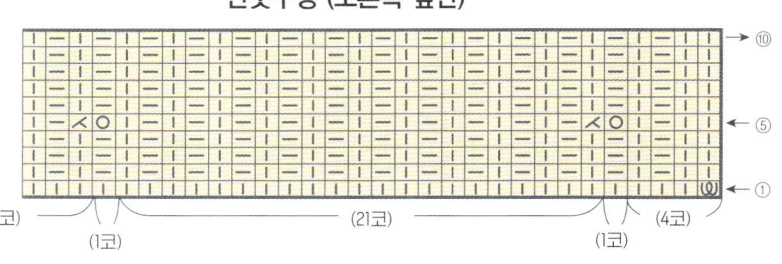

달라진 원형을 제도해보자

● 5~6세 보디 원형과 와이 네크라인 카디건

원형을 그리는 법은 여성의 표준 사이즈 원형과 같습니다. 제도할 때는 소매산 그리는 법이 달라집니다.

- 소매산 너비 … 소매 너비/5
- 소매 너비선상의 안내선 위치 … 소매 너비/10
- 소매산 곡선의 높이 … 0.5cm

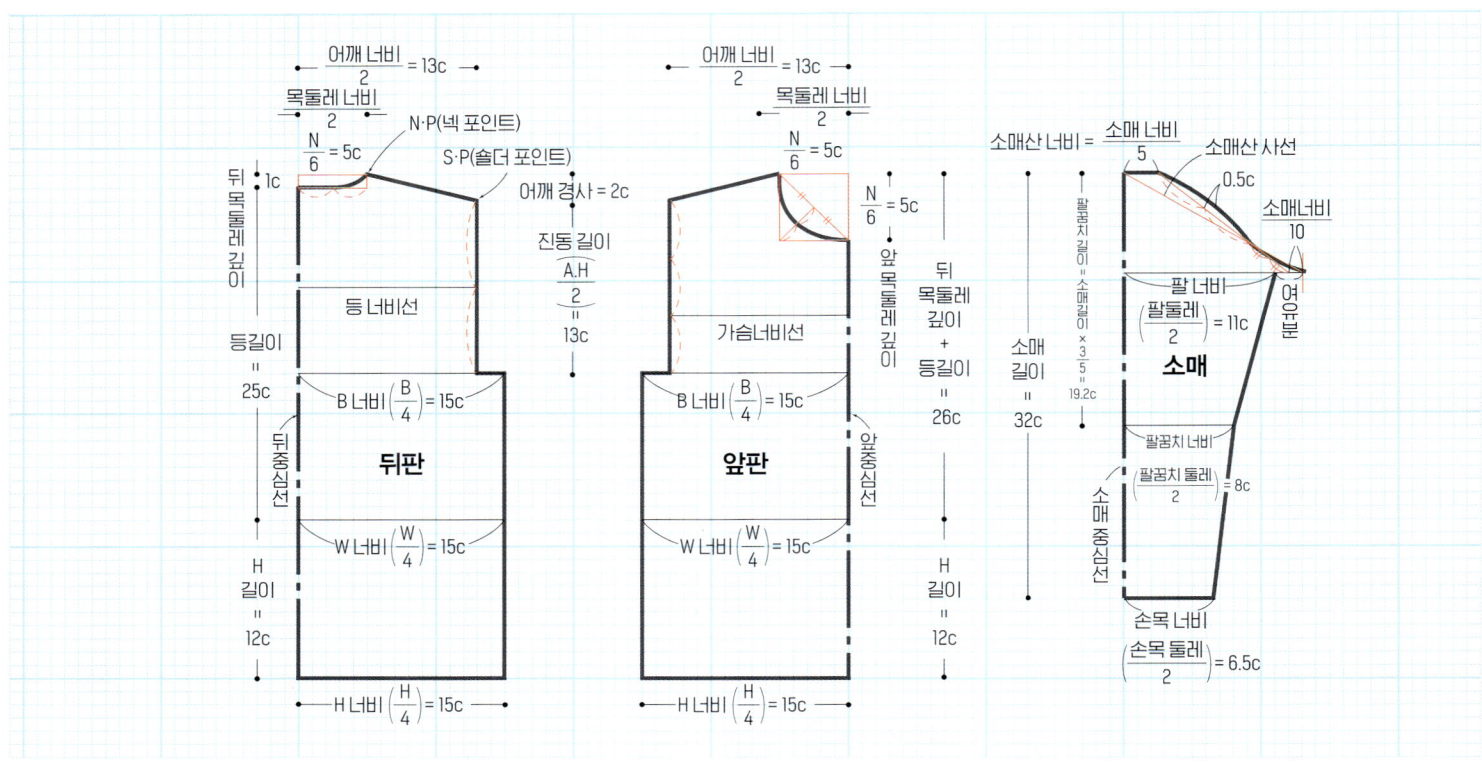

원형을 그리고 46페이지를 참고해 와이 네크라인 카디건을 제도합니다.

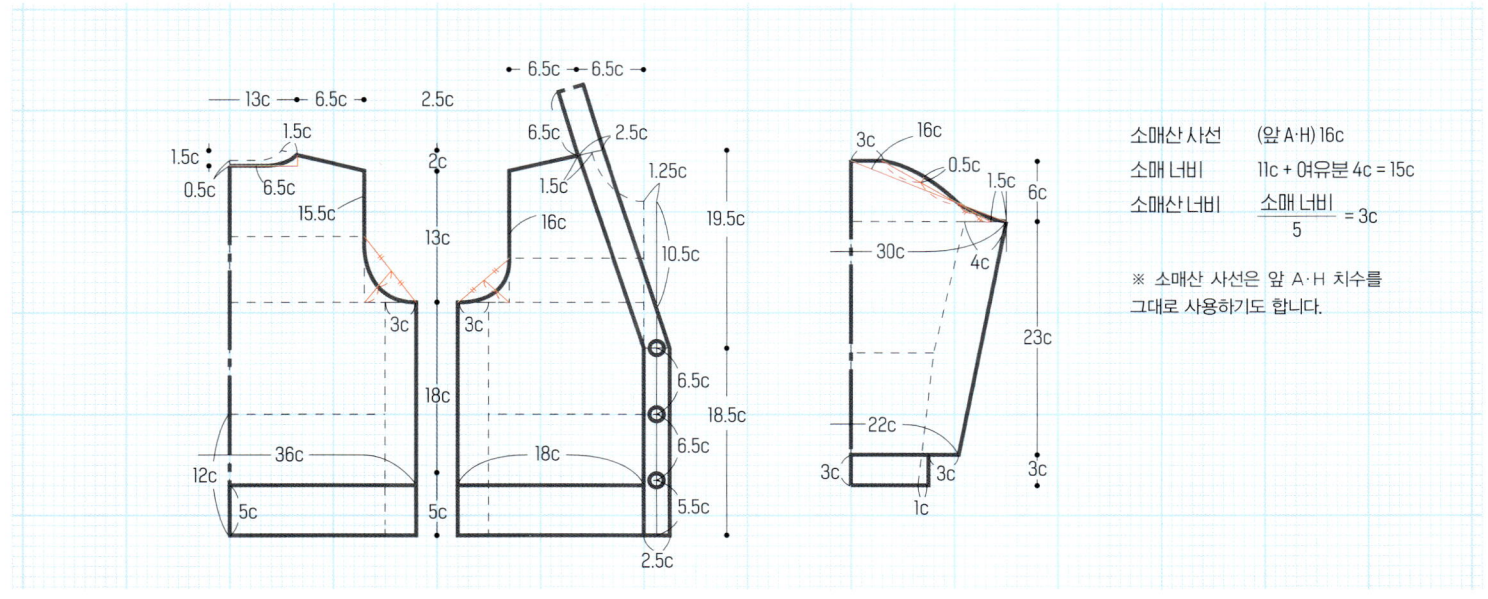

남성 보디 원형과 브이넥 스웨터

남성 원형은 체형적으로 여성의 표준 사이즈 원형과 다른 부분이 있습니다. 중간 H의 곡선은 여성보다 덜하므로 0.5cm로 합니다. 버스트는 겨드랑이 아래를 빙 둘러 잽니다(체스트 버스트).

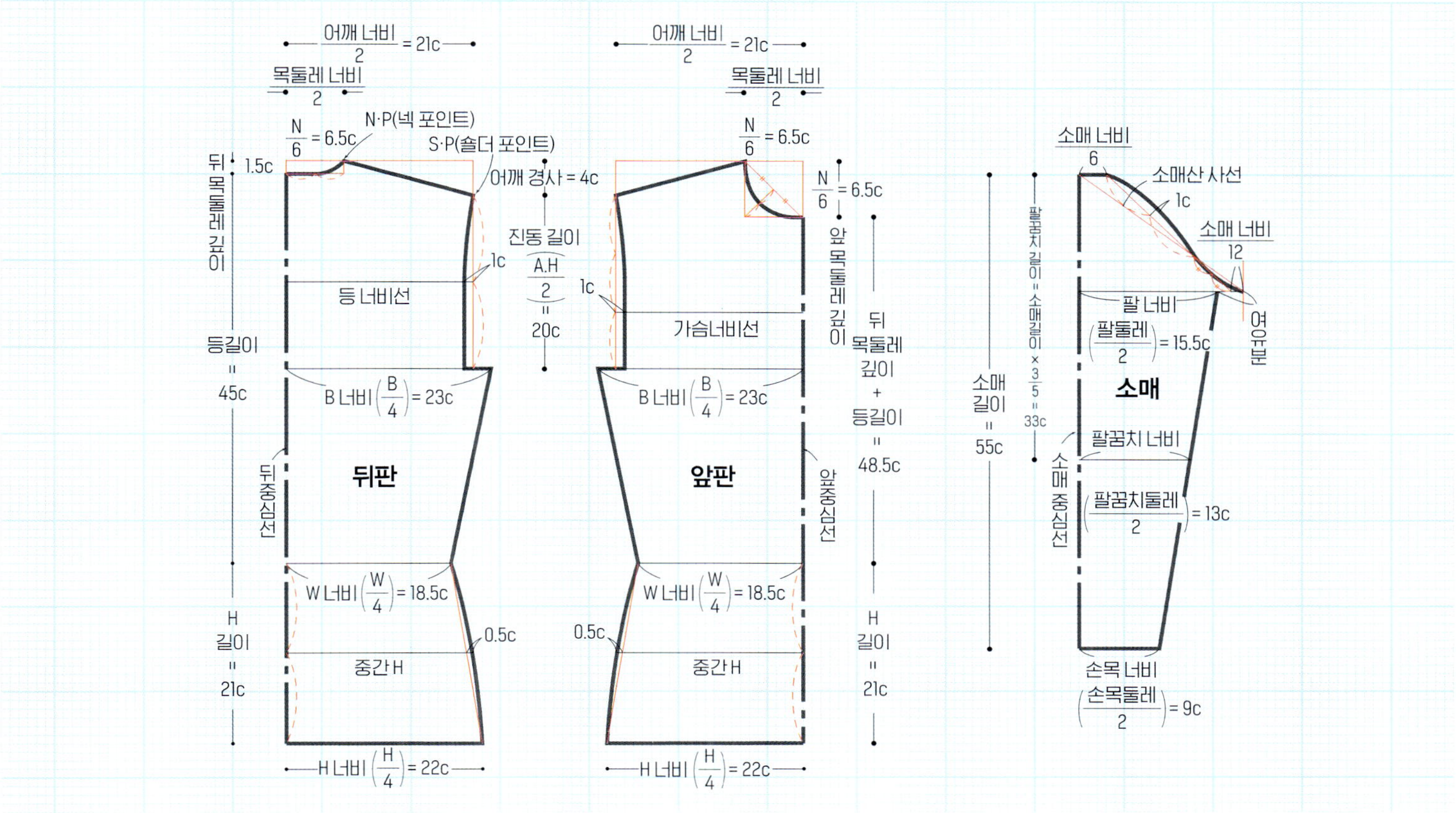

44페이지를 참고해 남성 원형으로 남성용 브이넥 스웨터 제도를 합니다.

소매산 사선 $\frac{23 + 23.5}{2}$ = 23.25 → 23c

소매 너비 15.5c + 여유분 4.5c = 20c

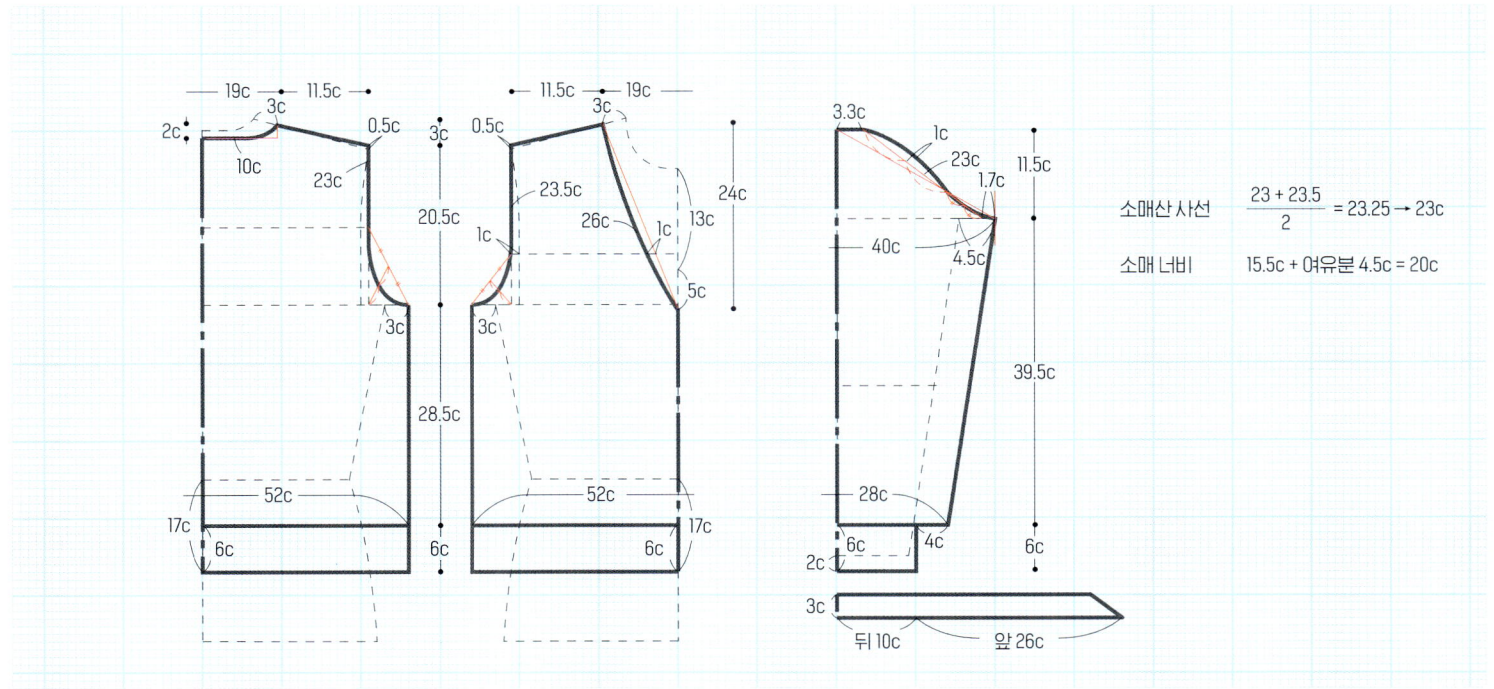

※ 베스트는 진동 둘레 완성선에서 안쪽으로 테두리뜨기 부분을 잡아 제도합니다.

 대바늘뜨기 작품을 계산해보자

제도에 이어서 계산법을 설명합니다. 손뜨개에서 계산이란 스웨터를 뜨는데 필요한 콧수와 단수, 사선과 곡선의 증감코를 계산하는 것을 말합니다. 가로세로와 사선 같은 곧은 선은 수치로 계산할 수 있지만, 곡선은 그래프를 그려서 계산합니다.

※ 계산한 수치는 반올림해 조정하지만, 다른 부분을 고려해 콧수와 단수를 정합니다.

스웨터 계산하기

기본 스웨터의 제도(→P.40)를 토대로 스웨터 계산법을 설명합니다. 맨 먼저 게이지를 내는데, 게이지는 계산할 때 가장 중요한 요소입니다.

[게이지를 내자]

게이지란 뜨개코의 크기를 말합니다. 일반적으로 10 × 10cm 안에 들어 있는 콧수와 단수를 세서 나타냅니다. 게이지를 내기 위해 실제 작품에 사용하는 실과 바늘을 이용해 뜨개바탕을 뜹니다. 뜨개바탕은 가로세로 15cm 정도 크기로 뜬 다음 중앙의 안정된 10 × 10cm 부분에 몇 코 몇 단이 들어 있는지 셉니다. 정확한 데이터를 얻으려면 적어도 가로세로 약 15cm 뜨개바탕이 필요합니다. 게이지를 정확하게 아는 것은 스웨터 사이즈를 실패하지 않기 위한 중요 포인트입니다. 뜨개바탕은 다리미를 사용해 스팀을 가득 쐬어 정돈한 다음 콧수와 단수를 셉니다. 이때 다리미를 뜨개바탕에 가까이하면 눌리거나 질감이 사라지므로 뜨개바탕에서 약간 띄워서 다립니다.

게이지(10 × 10cm) : 18코 × 24단
실 : 병태사
바늘 : 대바늘 10호

뜨개바탕에 자를 대고 가로세로 10cm 안에 몇 코 몇 단이 있는지 셉니다. 예시 뜨개바탕은 18코 × 24단입니다.

사용한 실(실물 크기)

[직선 부분의 콧수와 단수를 계산해보자]

직선 부분의 콧수와 단수는 게이지를 토대로 계산합니다. 이 작품의 게이지는 10 × 10cm에 18코 × 24단입니다. 치수에 이 게이지를 곱해서 콧수와 단수를 계산합니다. 계산할 때 게이지는 1cm 안의 콧수와 단수로 환산해야 하는데, 예시 작품은 1cm에 1.8코 × 2.4단입니다.

도안 규칙

콧수는 가로 괄호, 단수는 세로 괄호에 넣어 표기합니다. 뜨는 방향 화살표도 넣으면 좋습니다. 뜨는 방향 화살표는 먼저 뜨는 부분의 화살표는 안쪽에, 나중에 뜨는 부분의 화살표는 바깥쪽에 넣습니다. 이 도안에는 몸판과 소매부터 뜨고 코를 주워 밑단과 소맷부리의 고무뜨기를 뜨도록 화살표가 표기되어 있습니다.

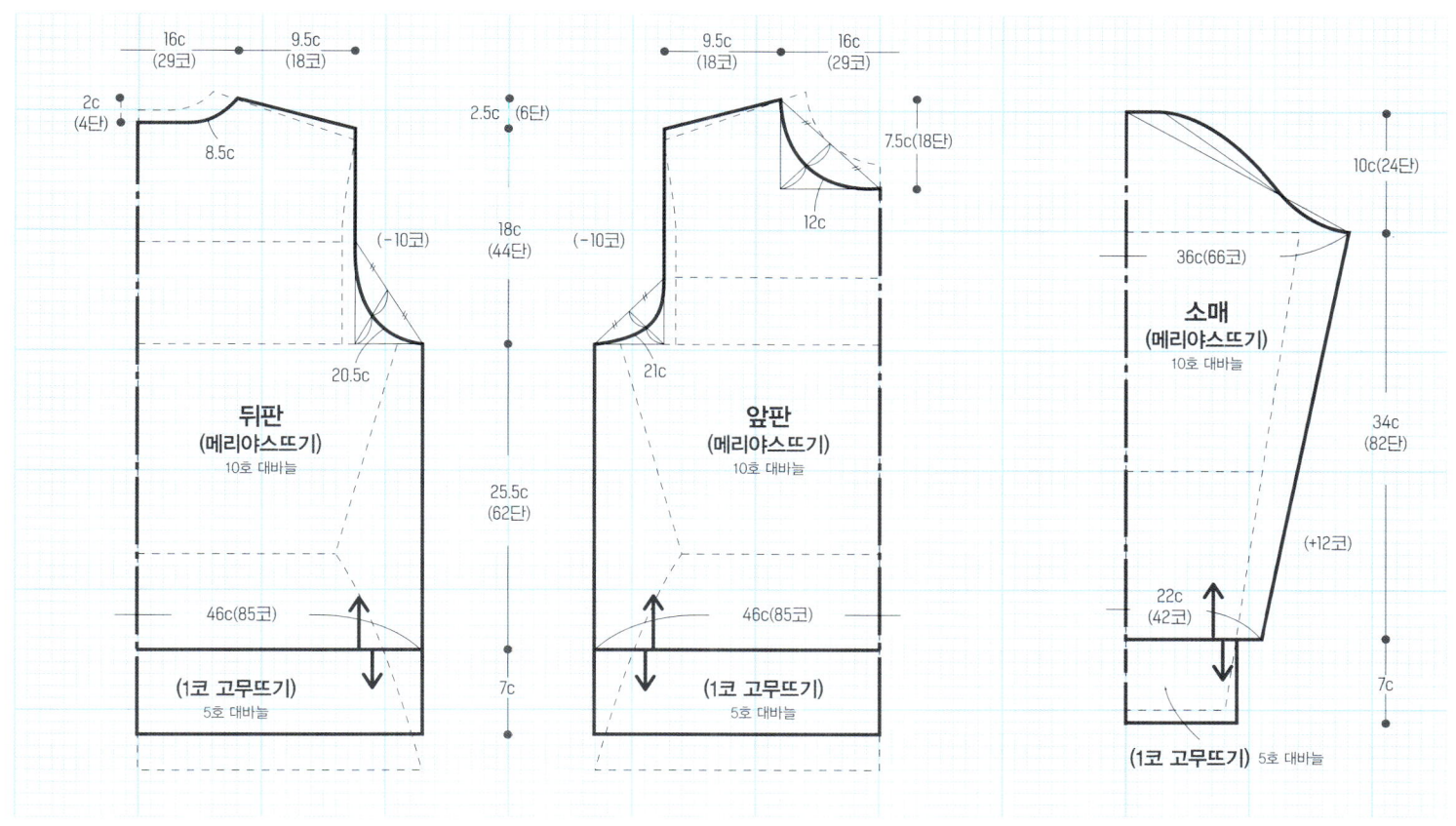

[앞뒤 몸판을 계산해보자]

코 부분 계산하기

각 부분에 1cm의 게이지(1.8코)를 곱해서 계산합니다.

밑단 ················ 46cm × 1.8코 = 82.8코 → 83코입니다. 하지만 옆선을 꿰맬 때 2코가 없어집니다. 꿰맸을 때 없어지는 코는 시접입니다. 그 분량 2코를 더해 85코로 합니다. 시접을 더하는 곳은 밑단, 어깨, 소맷부리, 소매 너비 등입니다.

어깨너비 ·········· 9.5cm × 1.8코 = 17.1코 → 17코 + 시접 1코 = 18코

목둘레 너비 ······ 16cm × 1.8코 = 28.8코 → 29코

진동 둘레 코 줄이기 ··· 85코(밑단) − [29코(목둘레 너비) + 18코(어깨너비) × 2] = 20코. 20코 ÷ 2 = 10코 → 한쪽 진동 둘레에서 10코를 줄입니다.

단 부분 계산하기

각 부분에 1cm의 게이지(2.4단)를 곱해서 계산합니다. 대바늘뜨기는 겉단과 안단을 떠서 2단을 반복하므로 단은 짝수로 끝나도록 조정합니다.

옆선 길이 ············ 25.5cm × 2.4단 = 61.2단 → 62단
진동 길이 ············ 18cm × 2.4단 = 43.2단 → 44단
어깨 경사 ············ 2.5cm × 2.4단 = 6단
뒤 목둘레 깊이 ····· 2cm × 2.4단 = 4.8단 → 4단
앞 목둘레 깊이 ····· 7.5cm × 2.4단 = 18단

[소매를 계산해보자]

소맷부리 ············ 22cm × 1.8코 = 39.6코 → 40코 + 시접 2코 = 42코
소매 너비 ············ 36cm × 1.8코 = 64.8코 → 64코 + 시접 2코 = 66코
소매 밑선 길이 ····· 34cm × 2.4단 = 81.6단 → 82단
소매산 길이 ········ 10cm × 2.4단 = 24단

대바늘뜨기의 사선을 계산해보자

어깨 경사와 소매 밑선 등의 곧은 사선은 계산으로 합니다. 어깨 경사의 계산법은 25페이지, 소매 밑선의 계산법은 20페이지에서 자세히 설명했으므로 참고해주세요. 다시 한번 기본 스웨터 제도에 관한 사선 계산을 설명합니다.

[어깨 경사를 계산해보자]

어깨너비의 콧수 = 18코
어깨 경사의 단수 = 6단

❶ 2단마다 하는 되돌아뜨기를 6단 ÷ 2단 = 3회 합니다. 어깨 경사의 되돌아뜨기는 평단분을 만들므로 어깨 콧수(18코)를 3회 + 1(평단분) = 4회로 나눕니다.
❷ 답은 4, 나머지는 2입니다. 즉 4코 4회인데 2코가 남습니다. 남은 2코를 1코씩 분배합니다. 4코 4회 가운데 2회를 5코로 합니다.
❸ 4회 되돌아뜨기 가운데 5코가 2회, 나머지 2회가 4코입니다.
❹ 수식으로 쓰면 아래와 같습니다. 이 식은 익혀두면 손뜨개의 평균 계산을 하는 여러 상황에 응용할 수 있어 편리합니다.
❺ 평단분 4코를 괄호에 넣어 표기합니다. 어깨 경사의 되돌아뜨기는 콧수가 적은 부분부터 어깨 끝쪽에 배치합니다. 계산 결과는 (4코)가 평단분, 2단마다 4코 1회, 2단마다 5코 2회입니다.

[소매 밑선을 계산해보자]

소매 너비(66코)와 소맷부리(42코)의 차 24코를 좌우로 12코씩 늘립니다.

❶ 겉단에서만 하기 위해 소매 밑선의 단수를 2로 나눕니다.
82단 ÷ 2 = 41단.
❷ 12코를 늘려야 하므로 평단분 1을 더한 13으로, 반으로 나눈 단(41단)을 나눕니다.
❸ 3을 구했습니다.
3 × 13 = 39
41단 − 39단 = 2
나머지는 2입니다.
❹ 답 3에 1을 더하고(3 + 1 = 4) 나머지 2를 간격 13에서 뺍니다.
13 − 2 = 11
❺ 구한 답은 4단 2회, 3단 11회입니다. 그림처럼 안내 화살표를 그리면 이해하기 쉽습니다. 이것은 간격의 단수로, 13간격 중 4단으로 구성된 간격이 2개, 3단으로 구성된 간격이 11개라는 의미입니다.
❻ 단수를 반으로 나눴으므로 2배로 해서 원래대로 되돌립니다. 8단마다 1코 늘리기 2회, 6단마다 1코 늘리기 11회입니다.
❼ 마지막 간격은 평단이므로 계산 결과는 '8단마다 1코 늘리기 2회, 6단마다 1코 늘리기 10회, 6단평'입니다.

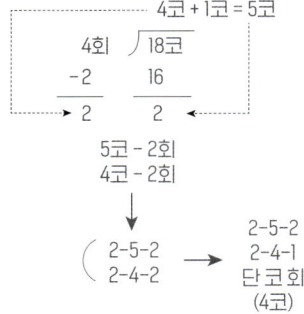

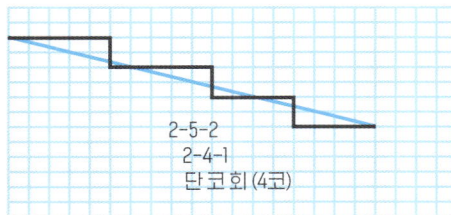

어깨 경사를 계산한 결과를
뜨개코 그래프로 나타냈습니다

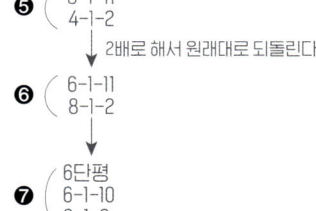

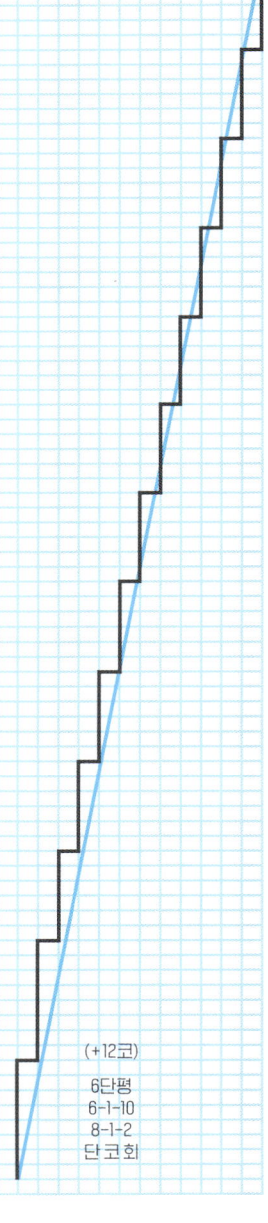

소매 밑선을 계산한 결과를
뜨개코 그래프로 나타냈습니다

[직선과 사선의 계산 결과를 넣어 제도해보자]

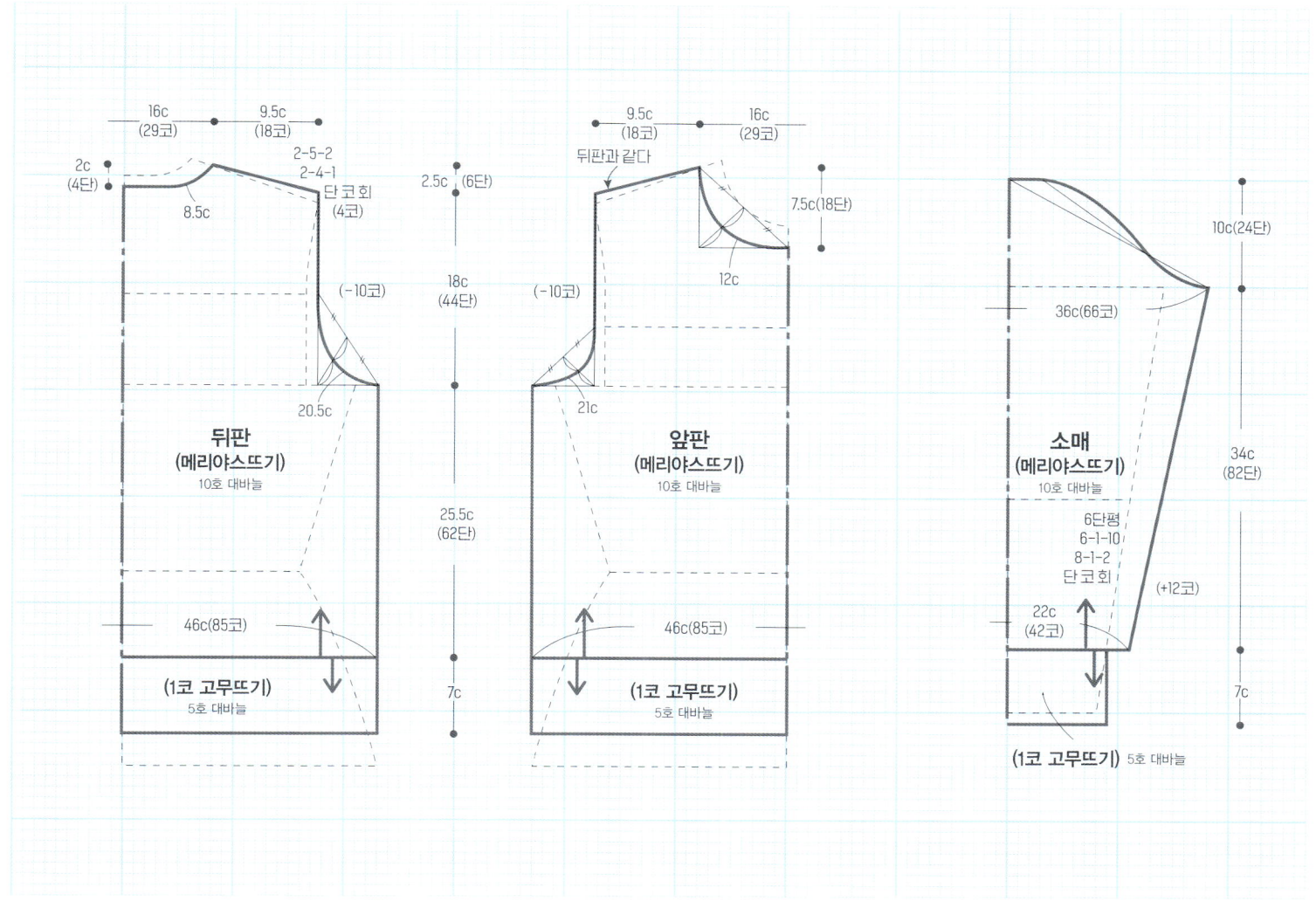

소매 밑선의 계산법

규칙에 따라 소매 밑선의 늘림코는 소맷부리 쪽에 계산 결과에서 단수가 많은 부분을, 소매산 쪽에 단수가 적은 부분을 배치해 뜹니다. 이 작품의 소매 밑선을 계산한 것에 적용해보면 이렇습니다. 먼저 8단마다 코를 늘린 다음에 6단마다 코를 늘립니다(→P.56). 소매 등 좌우로 1코를 늘리거나 줄일 때는 기본적으로 겉쪽의 같은 단에서 합니다.

대바늘뜨기의 곡선을 계산해보자

곡선을 계산할 때는 실물 크기의 제도를 그리고 계산하려는 부분에 뜨개코 크기의 그래프를 그려서 계단 모양으로 나눕니다.

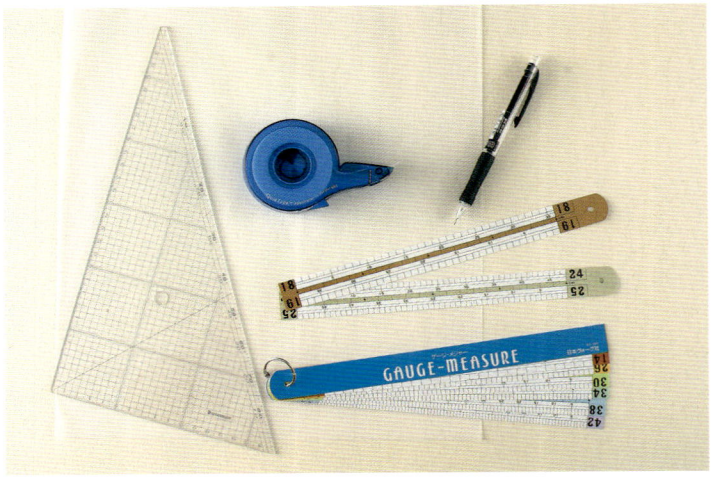

계산에 필요한 도구
❶ 게이지 자 : 뜨개코 크기의 눈금이 새겨진 자가 세트로 되어 있습니다.
❷ 샤프 또는 연필
❸ 트레이싱 페이퍼
❹ 테이프
❺ 자

[실제로 계산해보자]

이 작품의 게이지는 10 × 10cm에 18코 × 24단입니다.

1 계산하려는 부분을 실물 크기의 제도로 그립니다. ¼ 제도를 복사기로 400% 확대해도 좋습니다.

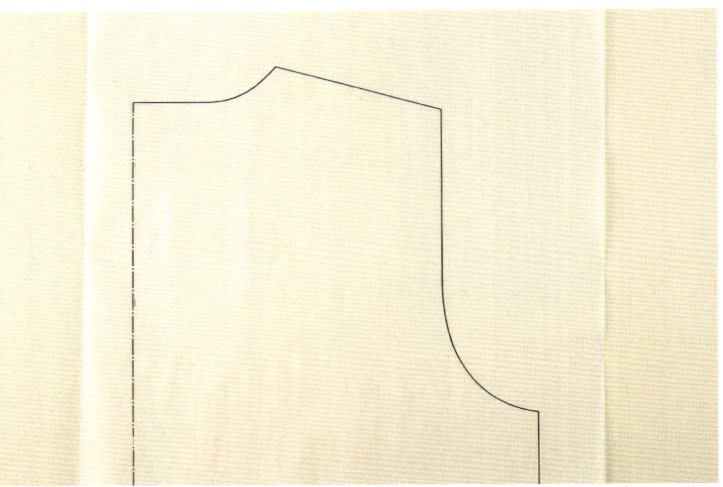

2 실물 크기의 제도 위에 트레이싱 페이퍼를 겹친 다음 어깨 끝점에서 내려온 선을 따라 곧게 세로선을 긋고, 그 선에 직각으로 진동 둘레의 시작 위치를 향해 가로선을 긋습니다.

3 게이지 자로 코 부분을 나눕니다. 이 작품의 게이지는 18코이므로 게이지 자 18을 사용합니다.

Dividing of Knit | 대바늘뜨기 작품을 계산하는 법

4 이어서 단 부분을 나눕니다. 작품의 게이지에 맞춰 게이지 자 24를 사용합니다. 줄임코는 보통 2단마다 하므로 2단마다 표시합니다.

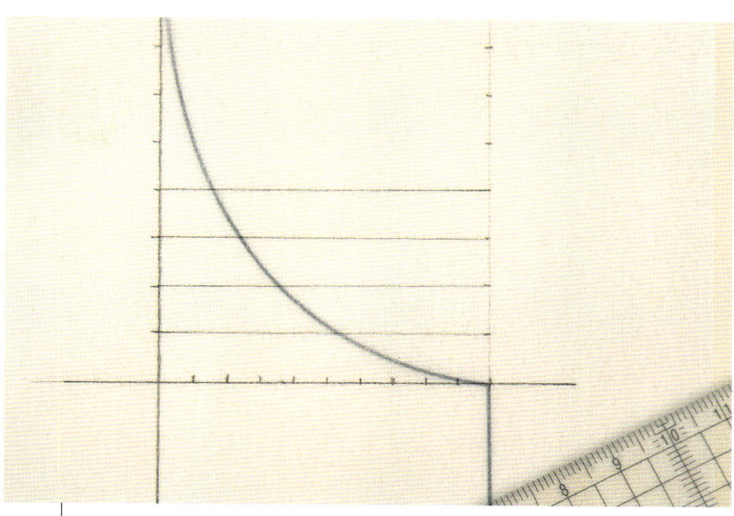

5 표시를 따라 수평선과 수직선을 긋습니다.

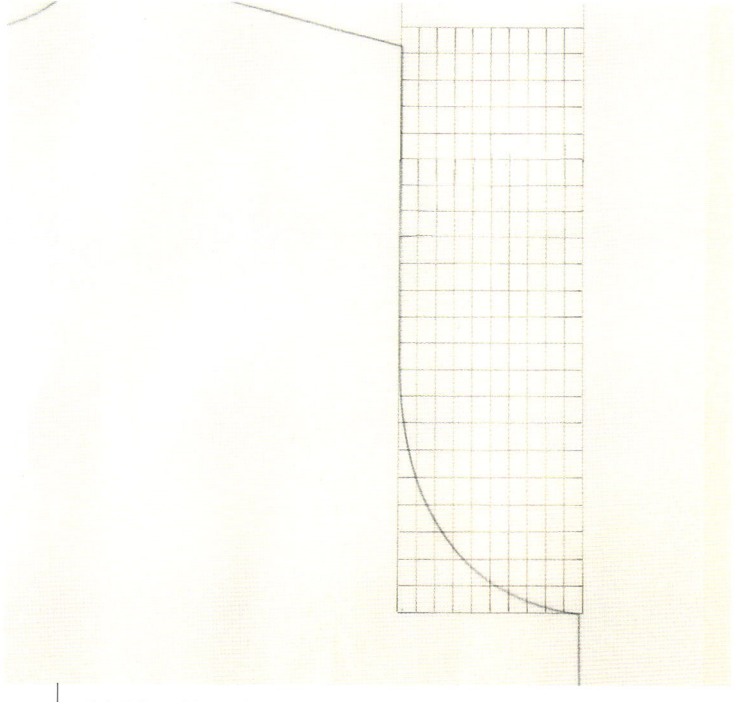

6 게이지대로 나눈 그래프를 완성했습니다. 1칸이 실제 뜨개코 1코 2단의 크기입니다.

7 진동 둘레선과 그래프의 교차점을 계단 모양으로 나눕니다.

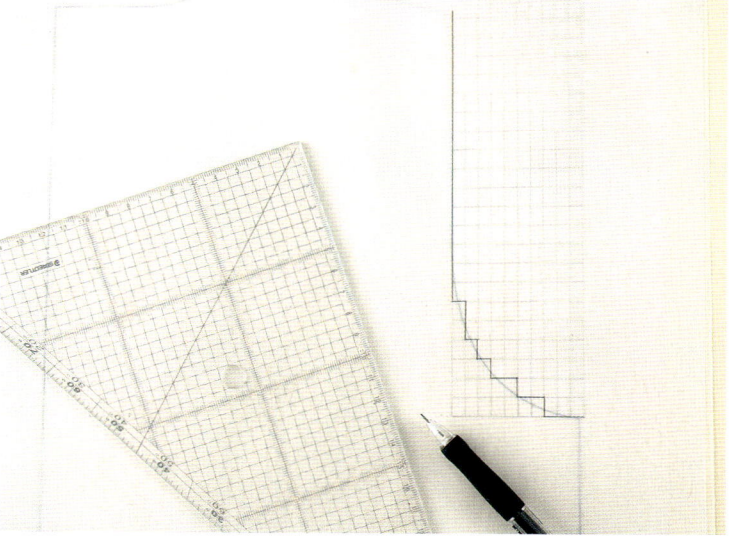

8 진동 둘레의 10코 줄이기 계산을 마쳤습니다. 목둘레와 소매산도 같은 방법으로 합니다.

각 부분의 곡선을 계산해보자

게이지 자로 그래프를 그려서 각 부분의 곡선을 계산하고 그 수치에 맞춰서 스웨터를 떠봤습니다.
각 부분의 계산 그래프와 실제 뜨개바탕을 비교해보세요.

뒤 진동 둘레

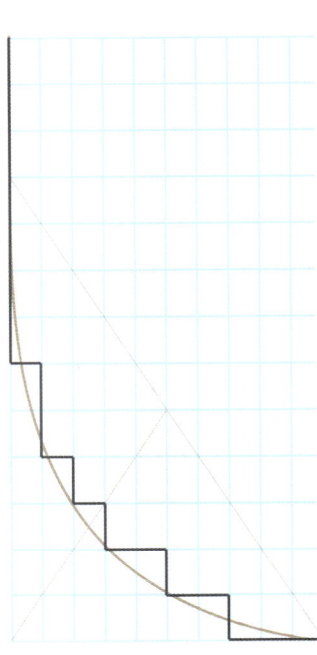

뒤 목둘레

제도의 뒤 목둘레 깊이 2cm에 단수 게이지를 곱하면 2cm × 2.4단 = 4.8단이 됩니다. 그래프로 나누면 단수가 딱 들어맞지 않습니다. 이때는 취향에 따라 소수점 이하를 버리고 4단으로 할지 또는 올려서 6단으로 할지 정합니다. 이번에는 가까운 수치인 4단으로 정했습니다.

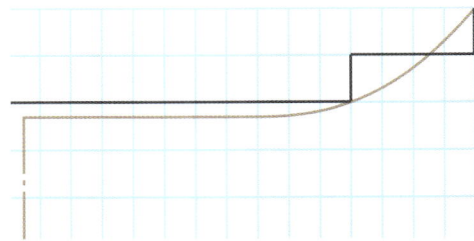

앞 진동 둘레

뒤 진동 둘레보다 깊이 파입니다.

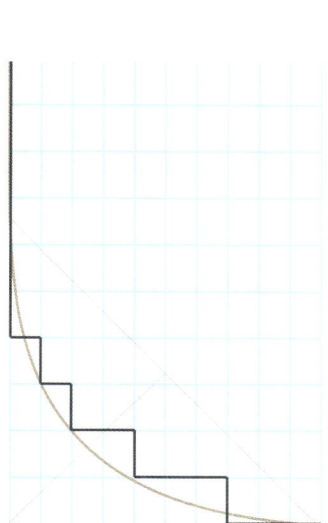

앞 목둘레

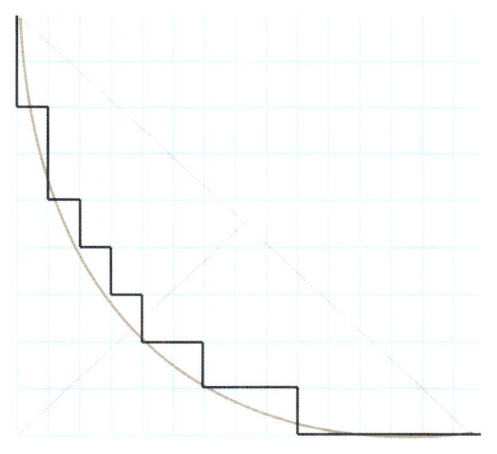

소매산

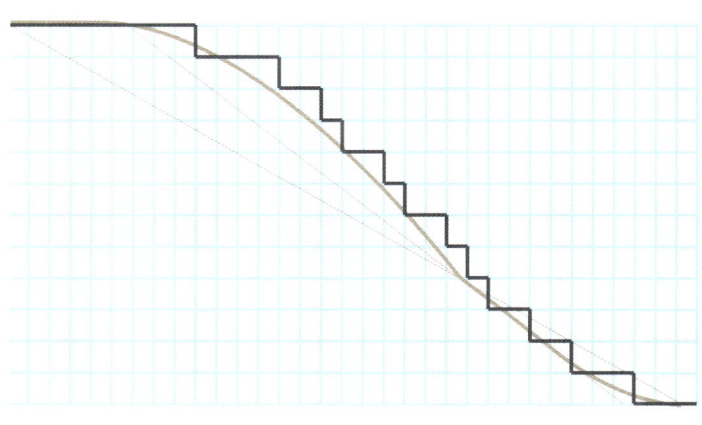

뜨개코 그래프로 곡선을 계산해보자

뜨개코 그래프를 이용해 곡선을 계산하는 법을 설명합니다. 뜨개코 그래프는 뜨개코의 가로세로 비율대로 선을 넣은 그래프입니다. 곡선을 계산하는 데, 배색뜨기 도안 등 무늬를 디자인하는 데 사용할 수 있습니다. 이 뜨개코 그래프를 사용하면 게이지 자로 그래프를 그리는 수고와 시간을 생략할 수 있습니다.

[뜨개코 그래프를 사용한 계산법 : 뒤 진동 둘레]

먼저 진동 둘레 너비 치수와 콧수, 진동 둘레 안내선을 긋기 위해 필요한 등 너비 선까지의 치수와 단수를 조사합니다.

게이지(10 × 10cm) : 18코 × 24단

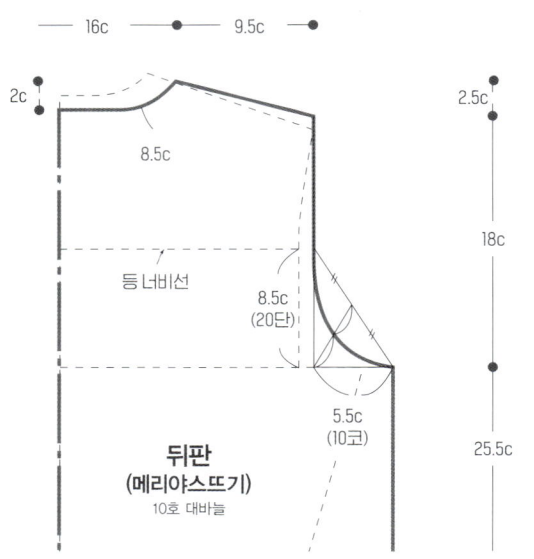

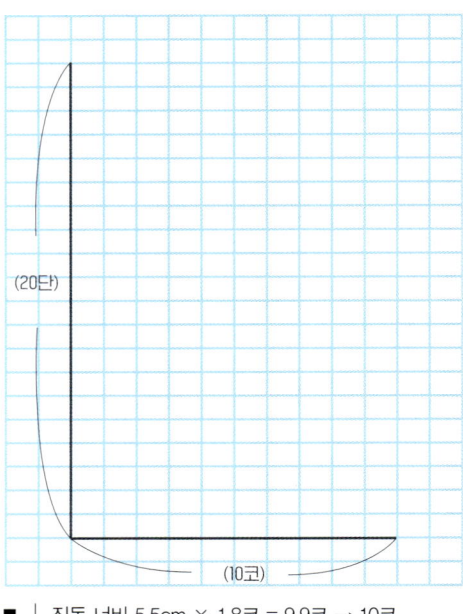

1 진동 너비 5.5cm × 1.8코 = 9.9코 → 10코
등 너비선까지 8.5cm × 2.4단 = 20.4단 → 20단
뜨개코 그래프에 표시합니다.

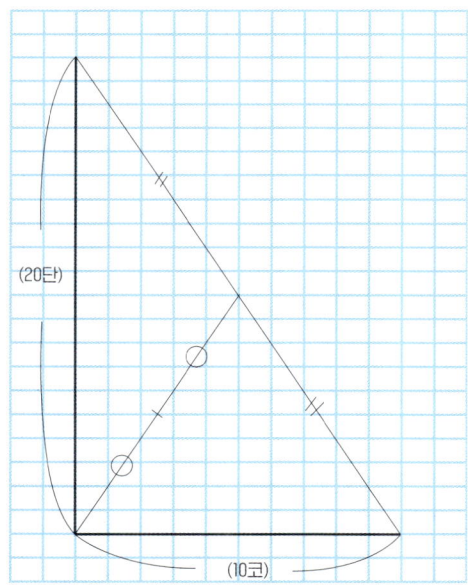

2 옆선과 등 너비선을 연결해 안내선을 긋습니다. 그 안내선의 중심을 구하고 그 중심에서 진동 둘레선과 어깨 끝점에서 그은 선의 교차점에 안내선을 그어 중심을 구합니다.

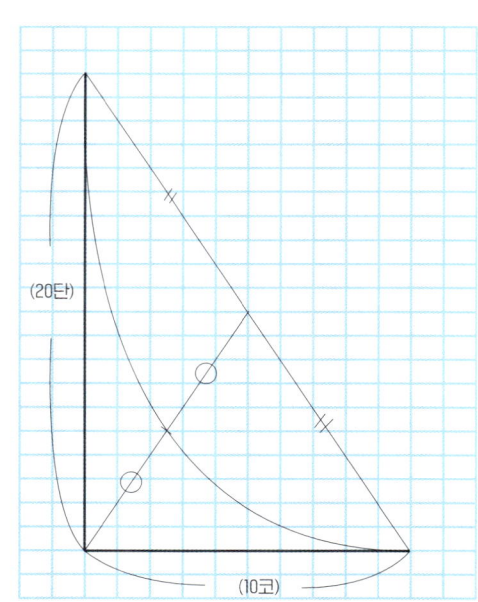

3 2에서 구한 중심을 지나도록 등 너비선에서 옆선을 향해 자연스러운 곡선을 그립니다. 이것이 진동 둘레의 외곽선입니다.

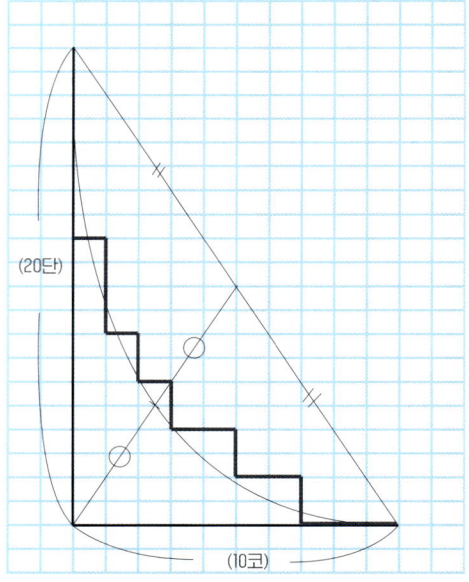

4 진동 둘레의 외곽선과 뜨개코 그래프의 교차점을 계단 모양으로 나눕니다. 줄임코는 겉단에서 하므로 2단마다 나눕니다. 뒤 진동 둘레의 계산을 마쳤습니다. 게이지 자로 분할한 계산과 결과는 같습니다.

뜨개코 그래프로 각 부분을 계산해보자

뒤 진동 둘레

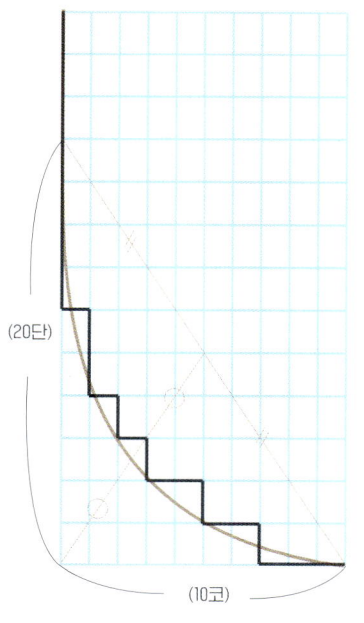

앞 진동 둘레

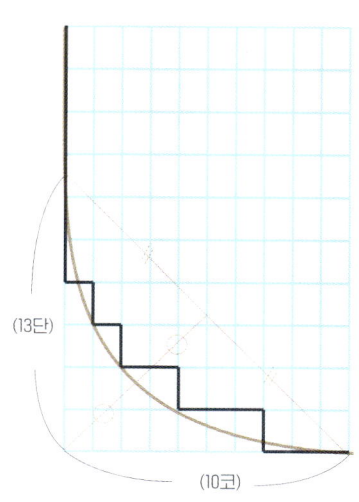

뒤 목둘레

뒤 목둘레 깊이는 4단, 목둘레 너비는 29코의 절반인 14.5코로 곡선을 그립니다.

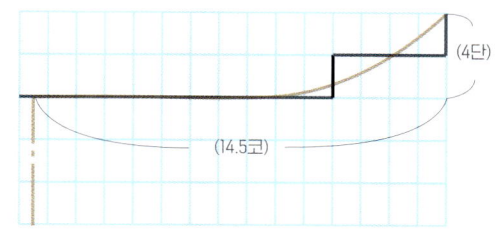

앞 목둘레

앞 목둘레 깊이는 18단, 목둘레 너비는 29코의 절반인 14.5코로 곡선을 그립니다.

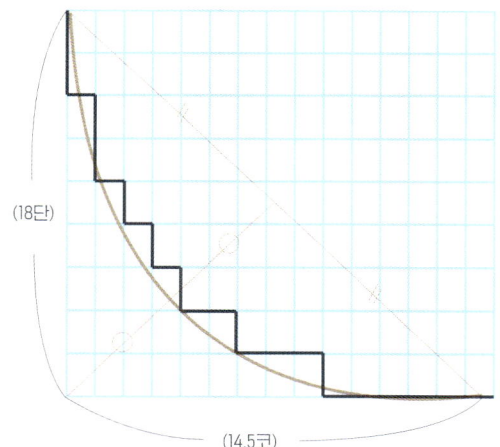

소매산

소매산 길이 10cm 24단, 소매 너비의 절반 33코에서 시접 1코를 뺀 위치인 32코에서 안내선을 긋습니다. 소매산 정점의 평단분 3cm 6코와 소매산 곡선의 시작점에서 그 절반인 3코를 잡아 안내선으로 연결합니다. 두 선의 교차점 위쪽의 중심에서 1cm 바깥쪽에 표시하고 소매산 곡선을 그립니다.

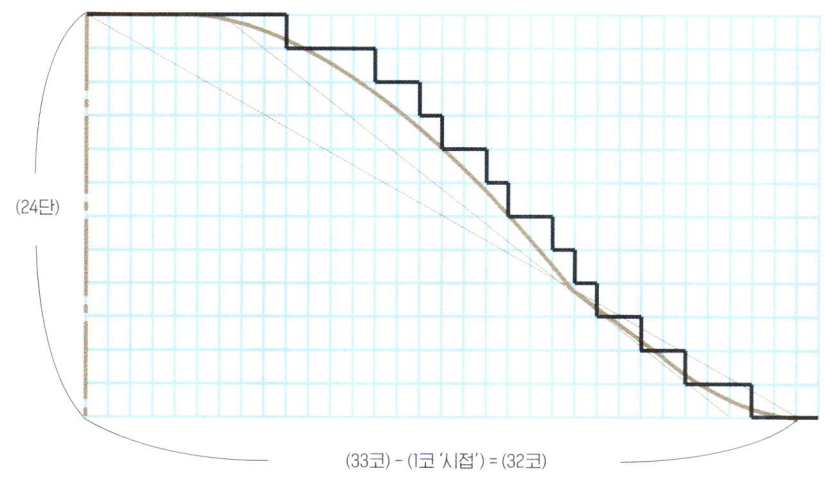

뜨개코 그래프 이용법

가로세로 배율을 각기 다르게 정할 수 있는 기능이 달린 복사기가 있습니다. 그 복사기를 이용해 뜨개코 그래프를 작품 게이지와 완전히 같은 게이지로 할 수 있습니다. 교차무늬 등 단이 짧아지는 무늬에서 정확하게 계산한 곡선을 그리고 싶을 때 편리합니다.

간단하게 하는 고무뜨기의 콧수와 단수 계산법

밑단, 소맷부리, 옷깃의 고무뜨기 부분 콧수를 정하는 방법입니다. 고무뜨기를 뜨는 바늘로 떠서 게이지를 측정하면 좋지만, 익숙하지 않으면 정확한 데이터를 얻기 어렵습니다. 그래서 고무뜨기의 콧수와 단수를 내는 간단한 방법을 설명합니다. 몸판을 뜨기 위해 계산한 메리야스뜨기 게이지를 이용하는 방법입니다. 토대로 하는 메리야스뜨기 게이지는 몸판을 뜨는 바늘로 떠서 계산했고, 이 작품은 10호 대바늘을 사용했습니다. 고무뜨기에 사용하는 바늘은 몸판이나 소매를 뜨는 바늘보다 3~4호부터 절반까지 가는 바늘을 사용합니다. 물론 실루엣에 따라 바늘을 바꾸지 않을 수 있습니다. 밑단과 소맷부리 등 사용하는 부분에 따라 조건이 달라지니 주의하세요

게이지(10 × 10cm) : 18코 × 24단
바늘 : 대바늘 5호

[밑단]

밑단은 메리야스뜨기로 뜬 몸판의 콧수를 그대로 고무뜨기의 콧수로 합니다. 단수는 뜨면서 측정하는데, 고무뜨기의 안뜨기 부분이 약간 넓어진 상태로 평면에 놓고 원하는 치수가 나왔을 때 뜨개를 마칩니다. 이때 반드시 짝수 단으로 끝내고 고무뜨기 코막음을 겉을 보면서 할 수 있도록 합니다. 단수를 메모하고 다른 부분과 단수를 통일합니다.
이 작품은 몸판이 85코지만 고무뜨기의 콧수를 짝수로 해야 하므로 84코로 합니다.
단수는 24단입니다.

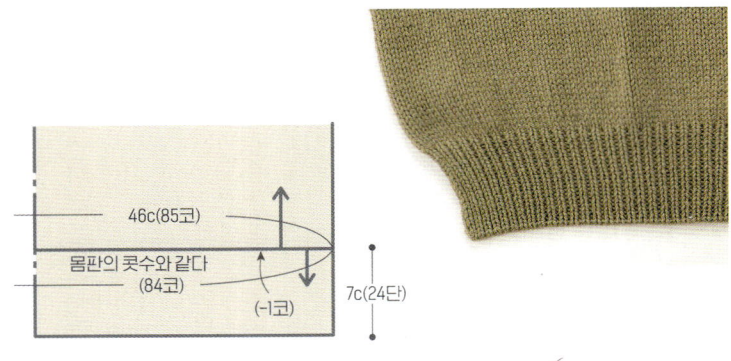

[소맷부리]

콧수는 소맷부리의 고무뜨기 너비에 메리야스뜨기 게이지를 곱한 다음 20% 늘립니다. 단수는 밑단과 똑같이 정합니다. 이 작품은 소맷부리의 고무뜨기 너비가 18cm입니다.
18cm × 1.8코 × 1.2(20% 늘리기) = 38.88코 → 40코
단수는 7cm로 밑단과 같으므로 24단입니다.

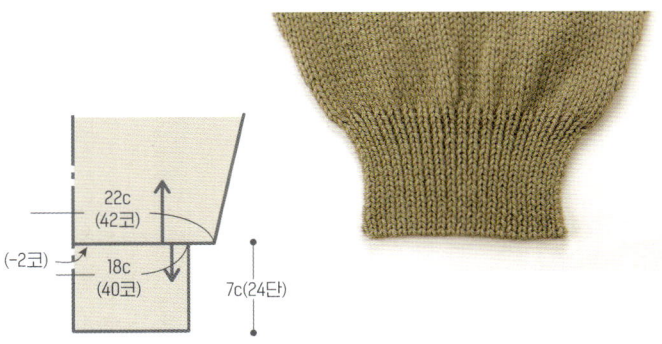

[옷깃]

콧수는 목둘레 치수에 메리야스뜨기 게이지를 곱한 다음 20% 늘립니다. 단수는 밑단과 같은 요령으로 정합니다.
이 작품은 목둘레 치수가 41cm입니다.
41cm × 1.8코 × 1.2(20% 늘리기) = 88.56코 → 88코
앞 목둘레 치수는 24cm입니다.
24cm × 1.8코 × 1.2(20% 늘리기) = 51.84코 → 53코
뒤 목둘레 치수는 17cm입니다.
17cm × 1.8코 × 1.2(20% 늘리기) = 36.72코
그럴지만 목둘레 전체에서 줍는 코에 맞춰야 합니다.
88코 − 53코(앞옷깃) = 35코

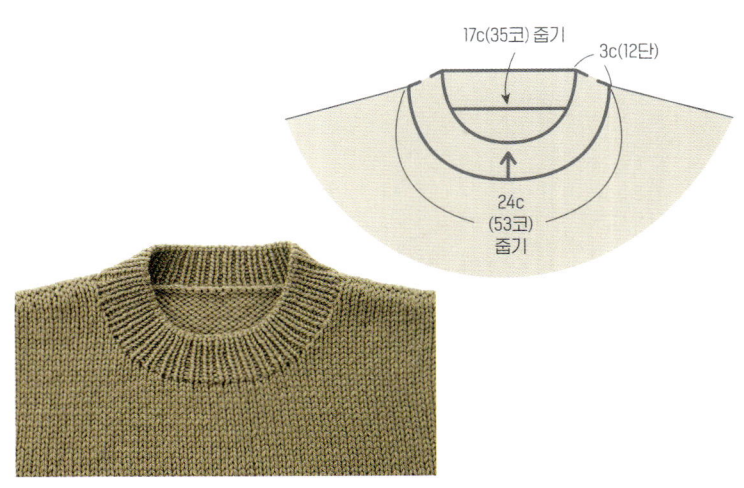

> **메리야스뜨기 게이지 이용법**
>
> 고무뜨기의 콧수와 단수를 내기 위해 메리야스뜨기 게이지를 이용할 수 있습니다. 몸판과 소매를 꽈배기뜨기나 비침무늬 등으로 뜰 때는 따로 메리야스뜨기 게이지를 낼 필요가 있습니다. 바늘은 몸판과 소매를 뜨는 바늘과 같은 호수로 뜹니다.

스웨터 계산 끝!

스웨터 도안을 완성했습니다. 옷깃은 따로 그리면 좋습니다. 이 제도로 스웨터를 뜬 다음 직접 입어보고 버스트 여유분, 옷기장과 소매길이, 어깨의 느낌, 목이 답답하지 않은지 등을 점검해보세요. 기본 작품이 있으면 여유분의 정도, 길이 조정을 파악할 수 있어 니트를 디자인하는 데 유용합니다.

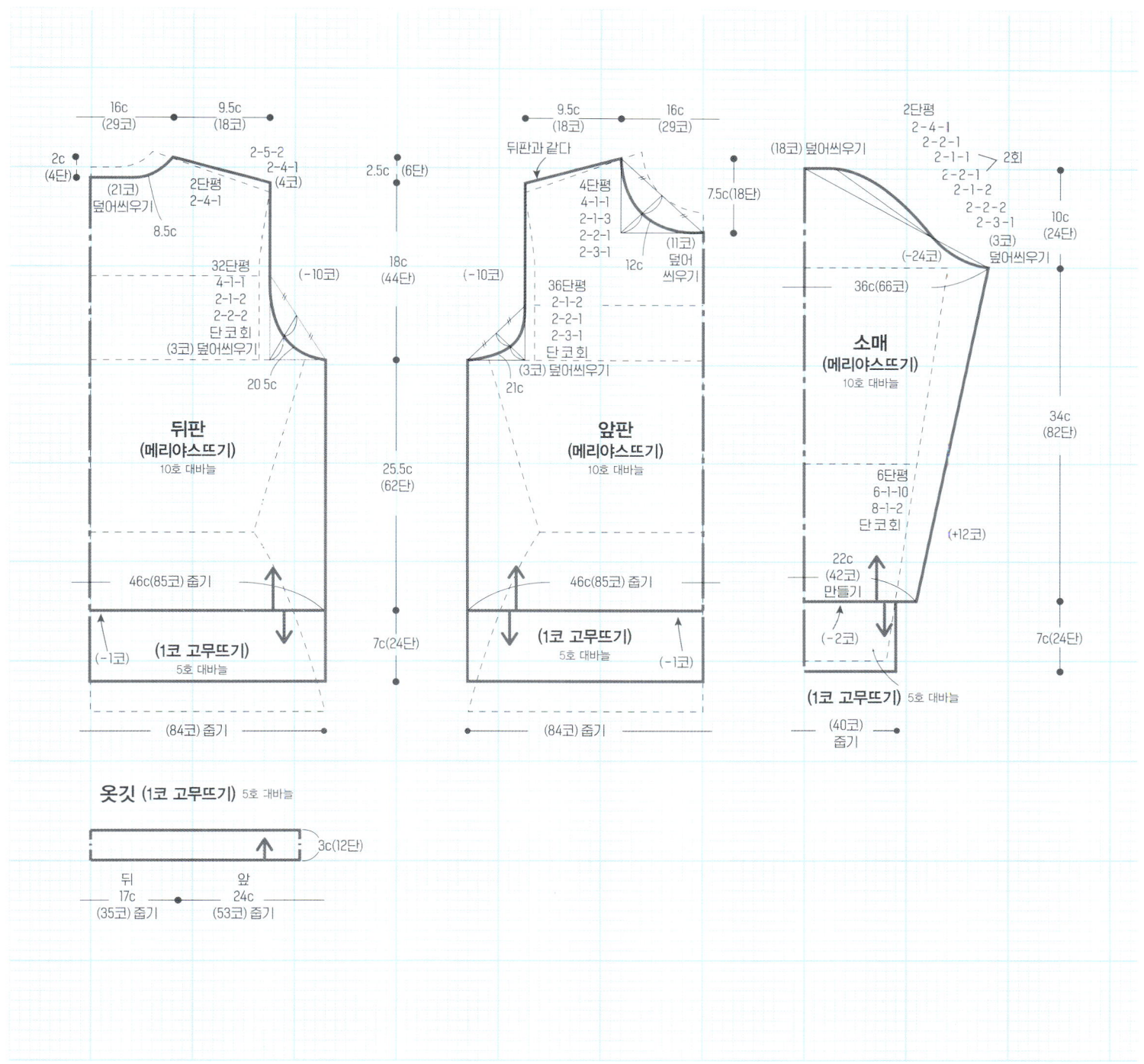

스웨터 각 부분을 계산한 대로 떠보자

뒤판

앞판

소매

각 부분을 다 뜨면 뜨개바탕으로부터 스팀다리미를 약간 띄워 스팀만 쐬어 다립니다. 그다음에 어깨를 잇고 옆선, 소매 밑선을 꿰매 옷깃을 뜹니다.

> **대바늘뜨기로 완성한 스웨터**
>
> 코디하기 쉬운 심플한 스웨터입니다.
> 두 번째 작품은 무늬를 넣어서
> 오리지널 스웨터에 도전해보세요.

손뜨개 책의 도안을 자신의 사이즈로 바꿔보자

손뜨개 책에 실리는 작품은 표준 사이즈로 만들지만, 도안에는 원형 선이 들어 있지 않습니다. 먼저 표준 사이즈의 원형에 도안을 겹치고 여유분 등이 어느 정도인지 확인합니다. 그런 다음 자신의 사이즈 원형을 기준으로 삼아 사이즈를 바꿉니다.

손뜨개 책에 실린 도안을 예로 들면

《케이토다마》 2019년 봄호 53페이지에 실린 가와이 마유미 작품을 예를 들어보겠습니다.

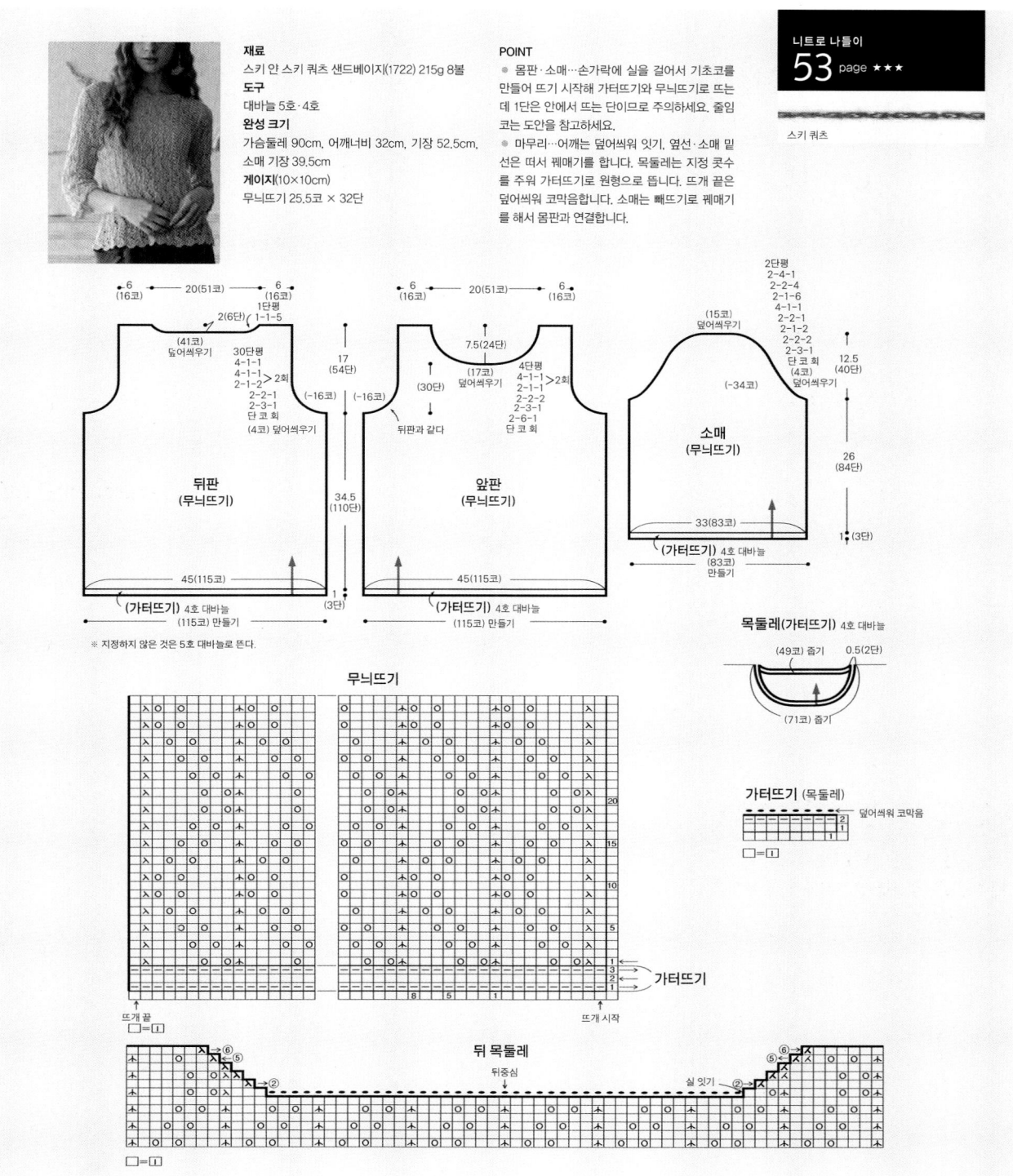

여성 표준 원형에 겹쳐보자

표준 원형을 그리고 도안을 원형 제도 위에 겹쳐서 중심선을 맞춘 다음 넥 포인트를 어깨선 위로 맞춥니다.
①~⑫ 순으로 도안을 겹쳐 원형에서 전개했을 때의 치수를 확인합니다.

① 어깨선상에 목둘레 너비/2 = 10cm를 잡을 수 있는 위치를 찾습니다.
② 뒤 목둘레 깊이 = 2cm를 잡아 뒤 목둘레의 곡선을 그립니다.
③ 어깨 6cm를 수평으로 잡습니다.
④ 진동 둘레 길이 17cm를 수직으로 잡습니다.
⑤ 품/2 = 22.5cm를 버스트선상에 잡아 진동 둘레의 곡선을 그립니다.
⑥ 옆선 길이 = 34.5cm를 잡습니다.
⑦ 테두리뜨기 = 1cm를 잡습니다.
⑧ 앞판을 똑같이 원형에 겹치고, 앞 목둘레 깊이 = 7.5cm를 잡아 앞 목둘레의 곡선을 그립니다.
⑨ 가슴너비선에서 1cm 올라간 곳에 앞 진동 둘레의 곡선을 그립니다.
⑩ 소매도 똑같이 원형에 겹칩니다. 소매산 길이를 잡아 원형을 맞춥니다.
⑪ 소매 너비/2와 여유분을 잡아 소매산의 곡선을 그립니다.
⑫ 소매 밑선 길이 = 26cm를 잡습니다.
⑬ 테두리뜨기 = 1cm를 잡습니다.

아래에서 파랑 숫자는 원형에서 제도할 때 필요한 치수인데 확인하고 진행합니다.

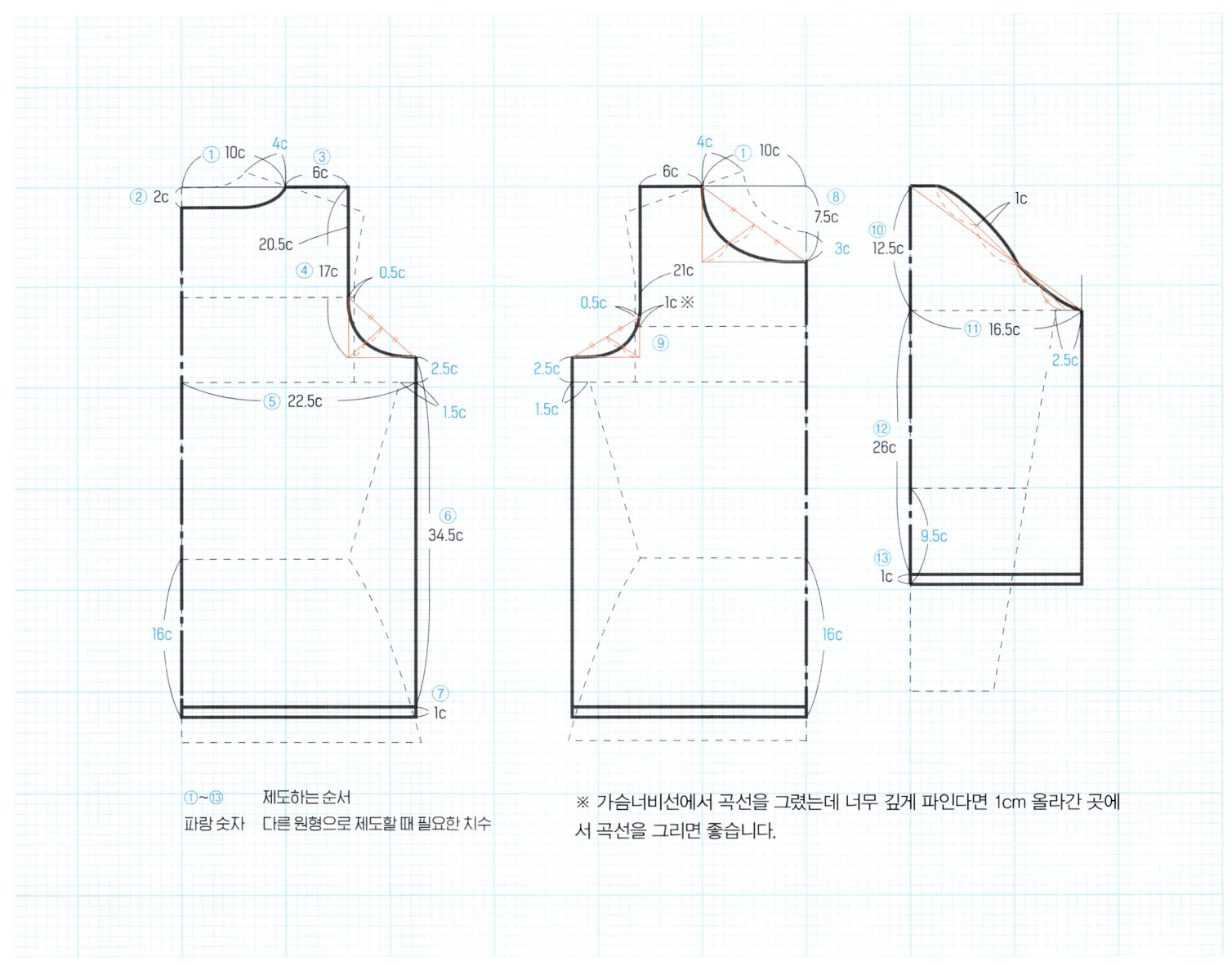

①~⑬ 제도하는 순서
파랑 숫자 다른 원형으로 제도할 때 필요한 치수

※ 가슴너비선에서 곡선을 그렸는데 너무 깊게 파인다면 1cm 올라간 곳에서 곡선을 그리면 좋습니다.

자신의 사이즈 원형에 제도해보자

큰 여성 사이즈(→P.33)로 원형을 그립니다. 보디 원형 그리는 법(→P.34)을 참고해 큰 사이즈의 원형을 점선으로 그립니다. 68페이지에서 확인한 각 치수를 원형 위에 옮겨서 제도를 하고, 각 치수를 적습니다.
직선 부분은 게이지로 계산할 수 있습니다. 목둘레의 곡선은 표준 사이즈의 목둘레와 같지만, 진동 둘레, 소매산의 곡선은 콧수와 단수가 달라지므로 58~63페이지를 참고해 곡선을 계산합니다.
소매는 소매 너비의 여유분이 정해져 있습니다. 몸판의 진동 둘레 치수에서 소매산 사선의 길이를 계산해 소매산 길이를 정하고 곡선을 다시 그립니다. 다른 부분과 같이 곡선을 계산합니다.

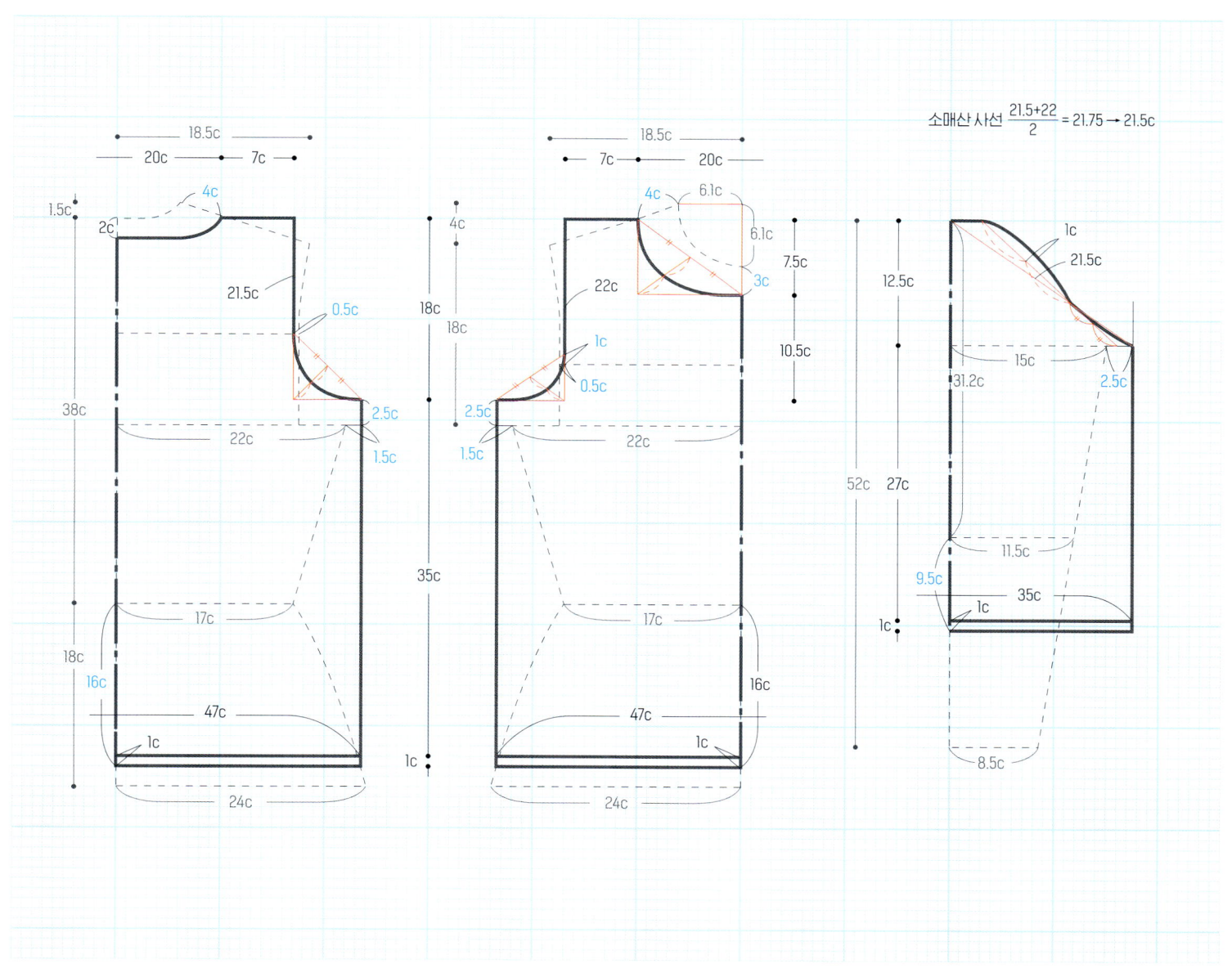

자신의 사이즈로 고친 뜨개도안

자신의 사이즈로 손뜨개 책과 같이 도안을 그리고, 직선 부분은 게이지로 계산합니다. 단, 같은 게이지라고 가정합니다. 목둘레는 손뜨개 책과 콧수와 단수가 같으므로 그대로입니다. 진동 둘레의 곡선, 소매산의 곡선은 다시 계산합니다. 실물 크기의 제도를 그려서 계산하거나(→P.58) 뜨개코 그래프로 계산합니다(→P.62).

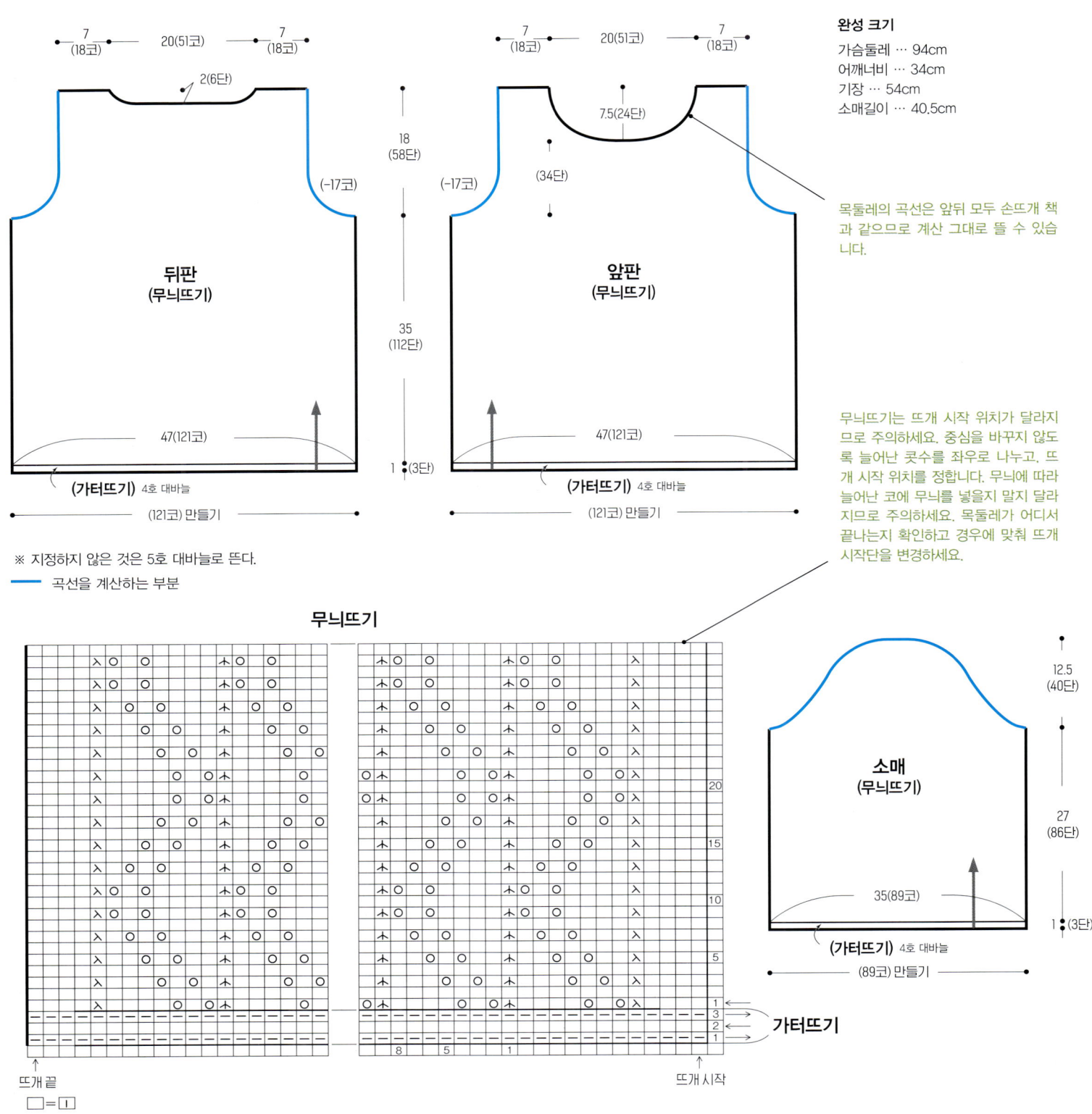

Q&A

Q 앞뒤를 같은 치수로 완성했는데 앞판 밑단이 올라가네요.

A 등이나 뒤 어깨의 두께분이 부족하면 어깨선이 뒤로 넘어가 앞판이 뒤쪽으로 이동해 밑단이 올라가 버립니다. 뒤판의 어깨선을 보정합니다. 그림처럼 뒤판의 목둘레 깊이, 넥 포인트, 숄더 포인트를 올려서 제도합니다. 그러면 앞뒤 진동 길이가 달라집니다. 또 소매의 중심 위치는 앞쪽으로 약간 틀어지므로 주의하세요.

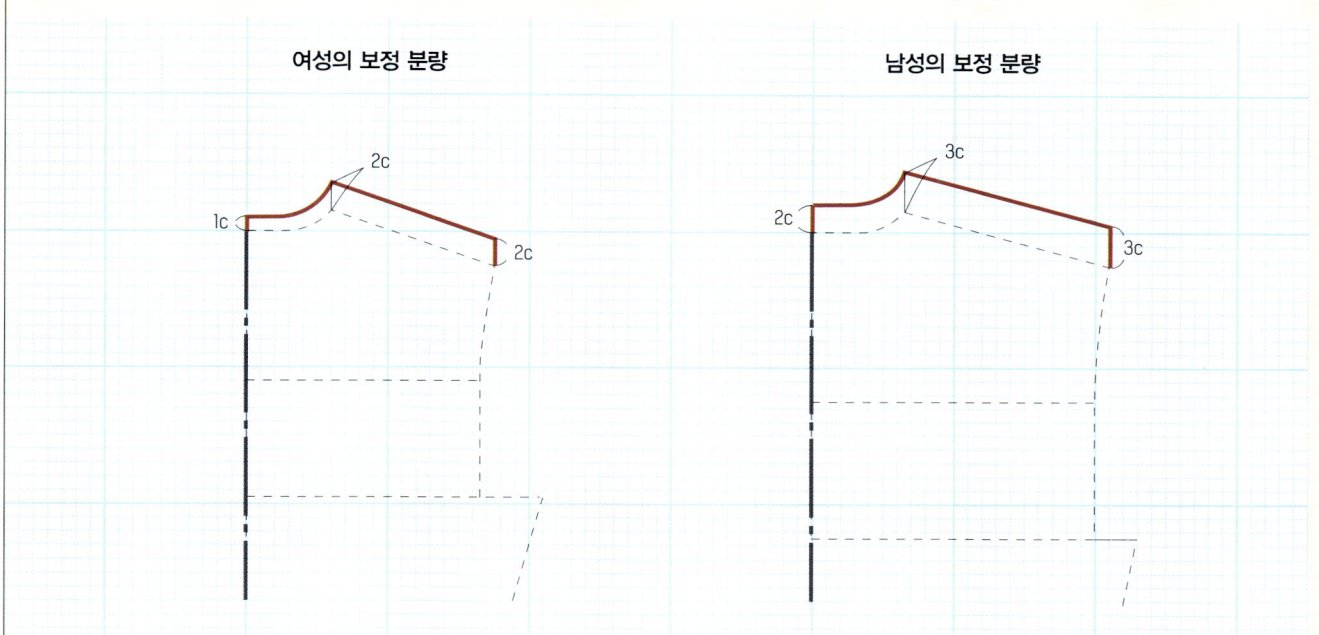

Q 게이지용 견본은 콧수가 적으니까 짧은 바늘로 떠도 될까요?

A 견본은 작품과 같은 바늘로 뜹니다. 짧은 바늘로 뜨면 게이지가 달라질 가능성이 있습니다. 되도록 같은 조건으로 떠서 조금이라도 익숙해지도록 하세요. 또 배색무늬를 원형으로 뜰 때는 견본도 원형으로 겉단을 보면서 뜨기를 권합니다. 같은 줄바늘이나 장갑바늘을 이용해 단마다 실을 잘라서 겉쪽을 보면서 뜹니다.

Q 스웨터 도안을 베스트로 바꾸고 싶어요.

A 몸판의 완성선(진동 둘레)에서 안쪽으로 뜨고 싶은 너비의 테두리뜨기를 잡아서 다시 제도합니다.

PART 4 코바늘뜨기 작품을 계산해보자

코바늘뜨기의 계산법을 설명합니다. 대바늘뜨기는 그래프를 사용해 계산하지만, 코바늘뜨기는 제도의 외곽선을 따라 무늬를 바꿔 그리는 방법으로 계산합니다. 이것을 '무늬 바꾸기'라고 합니다. 코바늘뜨기의 계산법을 익히면 손뜨개 책에 실린 작품의 뜨는 법을 이해할 수 있고, 자기가 좋아하는 무늬를 골라서 변형도 할 수 있습니다.

[민소매 풀오버를 제도해보자]

테마 작품은 코바늘뜨기로 한 민소매 풀오버입니다. 여성 표준 원형을 점선으로 그리고 제도를 준비합니다.

뒤판

1. 옷기장을 W 너비선에서 13.5cm 내려간 위치에 정합니다.
2. 가슴둘레는 여유분 2.5cm를 넣어서 옆선을 긋습니다. 코바늘뜨기는 적게 늘어나므로 풀오버는 여유분을 약간 많이 넣습니다.
3. 밑단의 테두리뜨기 높이는 1cm로 해서 옷기장 안쪽에 평행선을 긋습니다.
4. S·P(숄더 포인트)를 1cm 올려 N·P(넥 포인트)에서 안내선을 긋습니다.
5. S·P에서 안쪽으로 테두리뜨기 분량 1cm만큼 들어가 B(버스트) 너비선을 향해 안내선을 일직선으로 긋습니다. 안내선상의 등 너비선 위치와 옆선을 연결하고 이등분합니다.
6. ❺에서 구한 중심에서 B 너비선과 어깨 끝점에서 그은 안내선의 교차점에 선을 긋고, 그 선도 이등분합니다.
7. 진동 둘레는 어깨 끝점에서 등 너비선까지 일직선으로 선을 긋고, ❻에서 구한 중심을 지나도록 옆선까지 자연스러운 곡선으로 연결합니다.
8. N·P에서 2cm 떨어진 위치를 뒤 목둘레 너비로 정합니다. 뒤 목둘레 깊이를 0.5cm 내리고 각각 안내선을 긋습니다
9. 뒤 목둘레는 ❽에서 구한 안내선을 따라 뒤중심선에서 ⅔ 정도까지는 일직선으로, 다음에는 자연스러운 곡선으로 그립니다.
10. 뒤중심선을 그으면 완성입니다.

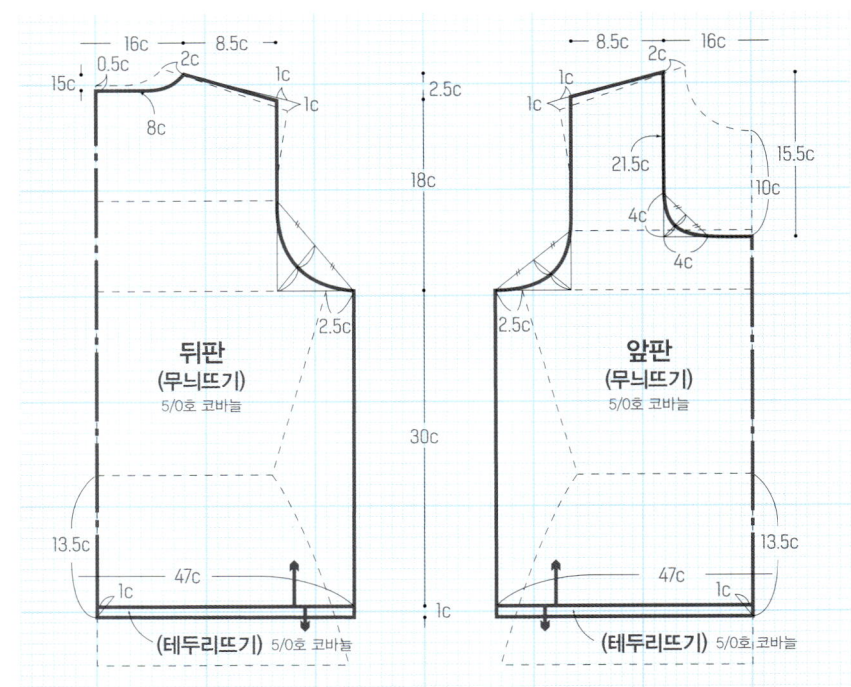

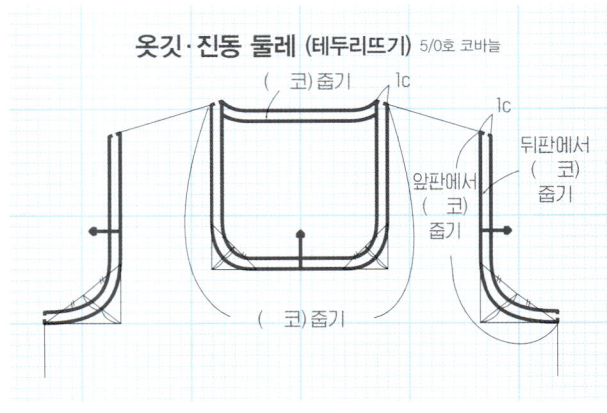

테마 작품
실 … 코튼 합태사
바늘 … 5/0호 코바늘

앞판

❶ 옷기장, 품과 옆선, 밑단의 테두리뜨기 길이, 어깨선의 안내선은 뒤판과 같은 요령으로 긋습니다.

❷ 진동 둘레는 어깨에서 일직선으로 안내선을 긋고, 안내선상의 가슴너비선 위치와 옆선을 연결해 이등분합니다. 그 중심에서 안내선 모서리에 선을 긋고, 다시 그 선을 이등분합니다.

❸ 진동 둘레는 ❷에서 구한 중심을 지나도록 어깨 끝점에서 가슴너비선까지 일직선으로, 이어서 옆선까지 자연스러운 곡선으로 연결합니다.

❹ 앞 목둘레 너비를 N·P에서 2cm 떨어뜨려 어깨선을 긋습니다. 앞 목둘레 깊이는 10cm 내리고 앞 목둘레 너비와 앞 목둘레 깊이의 안내선을 긋습니다. 그 교차점에서 각각 4cm를 잡아 곡선용 안내선을 긋습니다. ❹에서 구한 점을 지나도록 앞 목둘레의 곡선을 그립니다.

❺ 중심선을 긋습니다.

[무늬를 골라보자]

민소매 풀오버(→P.72)에 사용할 무늬를 고릅니다. 무늬는 비침이 많은 것, 탄탄한 느낌이 나는 것 등 만들고 싶은 작품과 이미지가 가까운 것을 고릅니다. 이번에는 일본보그사에서 펴낸《무늬뜨기 그래프》에서 참제비고깔(비연초) 무늬를 골랐습니다.

사용한 실(실물 크기)

뜨개바탕

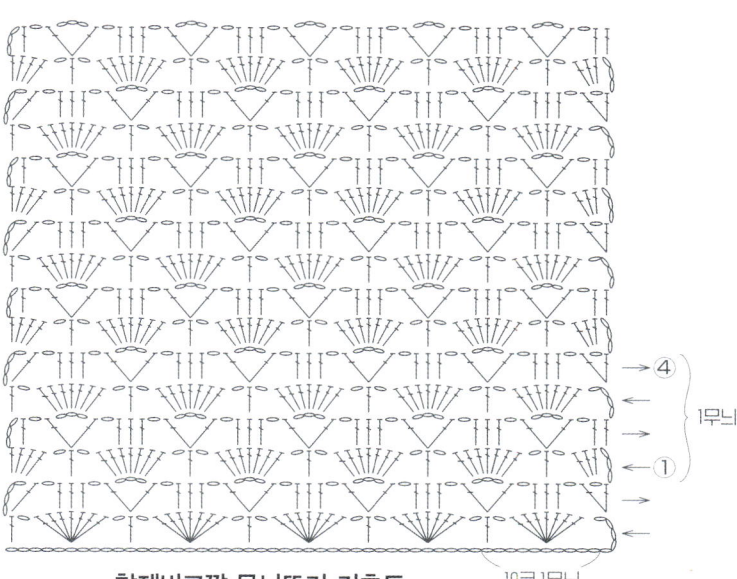

무늬뜨기

참제비고깔 무늬뜨기 기호도   10코1무늬

[게이지를 내보자]

자를 대고 게이지를 측정합니다.

작품을 뜰 때와 같은 실, 같은 바늘을 이용해 가로세로 약 15cm의 뜨개바탕을 뜬 다음 중앙의 코가 안정된 부분에서 게이지를 잽니다. 코바늘뜨기 무늬는 정확히 10cm 안의 콧수와 단수를 세기 어려운 경우가 많으니 무늬 단위로 치수를 잽니다. 이 무늬는 가로가 3무늬에 10cm, 세로는 끝맺기 좋은 위치가 12단으로 11.5cm입니다.

게이지(10 × 10cm)로 환산해보겠습니다.
1무늬가 10코이므로
3무늬에 30코가 되어 → 10cm 30코(3무늬)
단은 12단에 11.5cm이므로
12단 ÷ 11.5cm × 10 ≒ 10.5 → 10cm 10.5단이 됩니다.

직선 부분은 이 게이지를 토대로 계산합니다.

《무늬뜨기 그래프》(원서《実物大模様編グラフ》)에서 이번 무늬를 골랐습니다

콧수와 단수를 계산해보자

제도의 각 부분에 게이지를 곱해 콧수와 단수를 계산합니다. 이 민소매 풀오버의 게이지(10 × 10cm)는 30코(3무늬) × 10.5단입니다. 이 무늬는 뜨개 시작 쪽의 기초코는 콧수로 계산할 수 있지만, 진동 둘레와 목둘레 등은 콧수 표기로는 알기 어려우니 무늬 수로 표기합니다. 계산해보겠습니다.

● 콧수(무늬 수) 계산하기

게이지(10 × 10cm) 30코 3무늬 → 1cm에 3코 0.3무늬

밑단 기초코 …… 47cm × 3코(1cm 게이지) = 141코
　　　　　　　→ 1무늬가 10코이므로 141코 ÷ 10코 ≒ 14무늬

콧수로는 알기 어려우므로 무늬 수로 계산합니다.

어깨너비 ………… 8.5cm × 0.3무늬(1cm 게이지) = 2.55무늬 → 2.5무늬
목둘레 너비 …… 16cm × 0.3무늬 = 4.8무늬 → 5무늬
진동 둘레 ……… [14무늬(밑단) − (2.5무늬(어깨너비) × 2 + 5무늬(목둘레 너비))]
　　　　　　　÷ 2 = 2무늬

● 단수 계산하기

게이지 10cm 10.5단 → 1cm 1.05단

옆선 길이 ……… 30cm × 1.05단 = 31.5단 → 31단
진동 길이 ……… 18cm × 1.05단 = 18.9단 → 19단
어깨 경사 ……… 2.5cm × 1.05단 = 2.625단 → 2.5단
뒤 목둘레 깊이 … 1.5cm × 1.05단 = 1.575단 → 1.5단
앞 목둘레 깊이 … 15.5cm × 1.05단 = 16.275단 → 16.5단

진동 둘레에서 등 너비선까지 …… 8.5cm × 1.05단 = 8.925단 → 9단
진동 둘레에서 가슴너비선까지 … 5.5cm × 1.05단 = 5.775단 → 6단

● 테두리뜨기 계산하기

게이지 10cm 24코 → 1cm 2.4코(→P.80)

테두리뜨기는 민소매 풀오버(→P.72)와 같은 실, 같은 바늘을 이용해 길이 15cm 이상의 뜨개바탕을 떠서 게이지를 냅니다. 무늬가 예쁘게 들어가도록 콧수를 조정합니다. 이 민소매 풀오버의 테두리뜨기는 3코가 1무늬이니 테두리뜨기의 콧수는 3코 배수가 되게 조정하세요. 각 치수는 제도할 때 ¼ 축도자로 잽니다 (→P.40).

밑단 ……… 47cm × 2.4코(1cm 게이지) = 112.8코
　　　　　→ 3코 배수로 조정하면 → 114코
진동 둘레 … 뒤 진동 둘레 : 22cm × 2.4코 = 52.8코 → 52코
　　　　　앞 진동 둘레 : 22.5cm × 2.4코 = 54코
　　　　　앞뒤의 테두리뜨기 합계를 3코 배수로 조정하면 53코로 하는 편이 좋다는 것을 알 수 있습니다.
　　　　　(52코 + 53코) ÷ 3코 = 35무늬
목둘레 …… 뒤 목둘레 : 16cm × 2.4코 = 38.4코 → 38코
　　　　　앞 목둘레 : 43cm × 2.4코 = 103.2코 → 103코
　　　　　더하면 38코 + 103코 = 141코
　　　　　141코 ÷ 3코 = 47무늬
　　　　　무늬가 딱 맞게 들어갑니다.

민소매 풀오버 뜨개 도안

곡선 부분의 계산법은 76페이지에서 설명합니다.

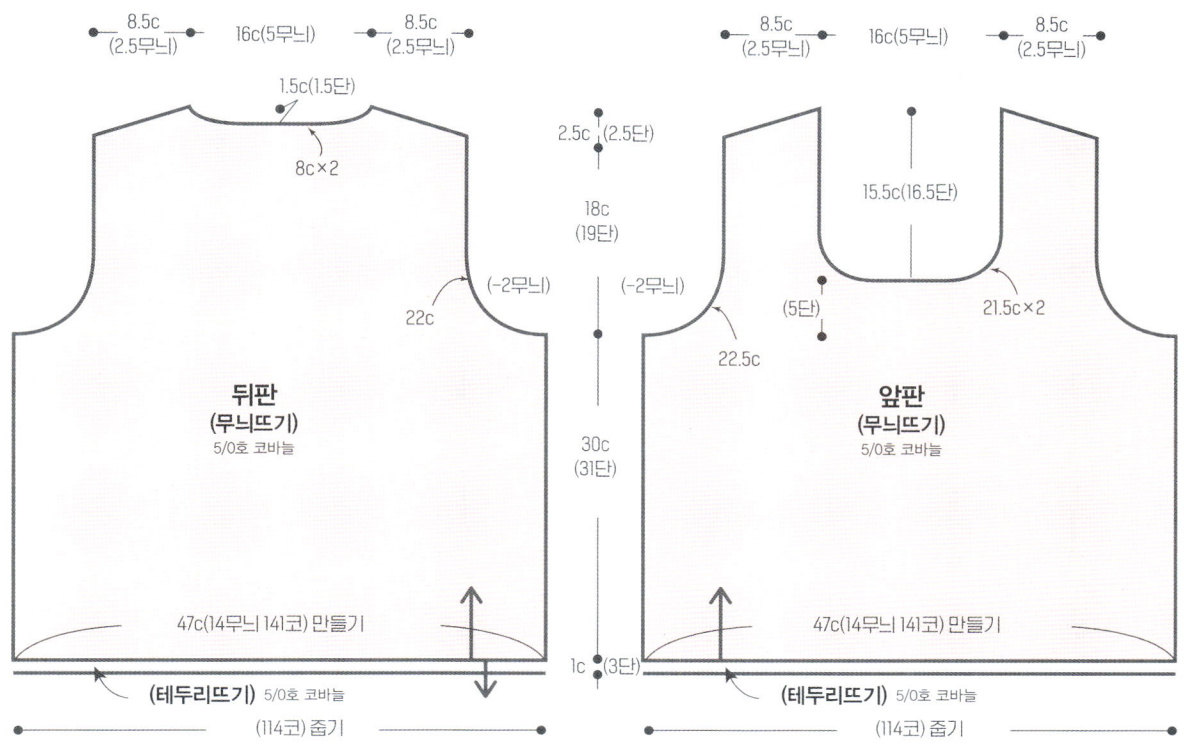

옷깃·진동 둘레 (테두리뜨기) 5/0호 코바늘

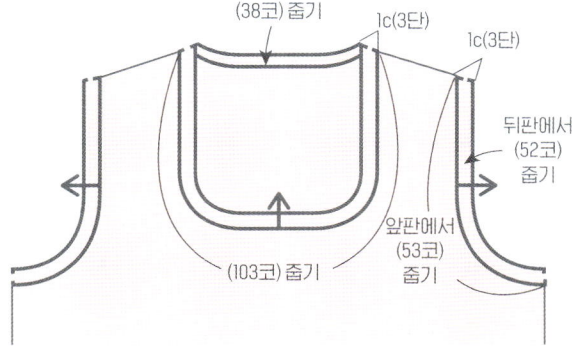

테두리뜨기

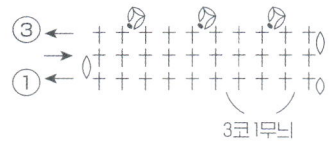

코바늘뜨기의 곡선을 계산해보자

[곡선을 계산해보자]

코바늘뜨기 무늬는 한길 긴뜨기, 짧은뜨기, 사슬뜨기 등 높이가 다른 뜨개코로 구성되어 있습니다. 따라서 대바늘뜨기처럼 그래프를 그려서 계산할 수 없어 코바늘뜨기 무늬를 계산할 수 있을 만큼 넓은 범위로 그려진 '무늬뜨기 그래프'를 사용합니다. 이 '무늬뜨기 그래프'는 일반적인 실을 이용해 코바늘뜨기 무늬를 뜨고, 그 뜨개바탕의 게이지를 데이터로 해 기호도로 나타낸 것입니다.

 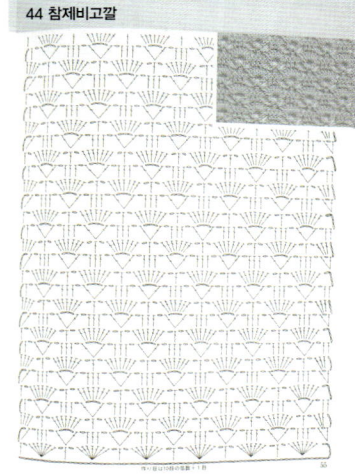

《무늬뜨기 그래프》
(원서 《実物大模様編グラフ》)

이 무늬를 사용합니다.

[뜨개바탕은 닮은꼴이 된다]

코바늘뜨기는 같은 무늬로 뜨면 실 굵기가 달라도 가로세로 비율이 같습니다. 민소매 풀오버(→P.72)에 쓰인 무늬를 실을 바꿔서 같은 콧수와 단수로 뜬 뒤 가로세로 비율을 비교해봤습니다. 닮은꼴임을 알 수 있습니다.

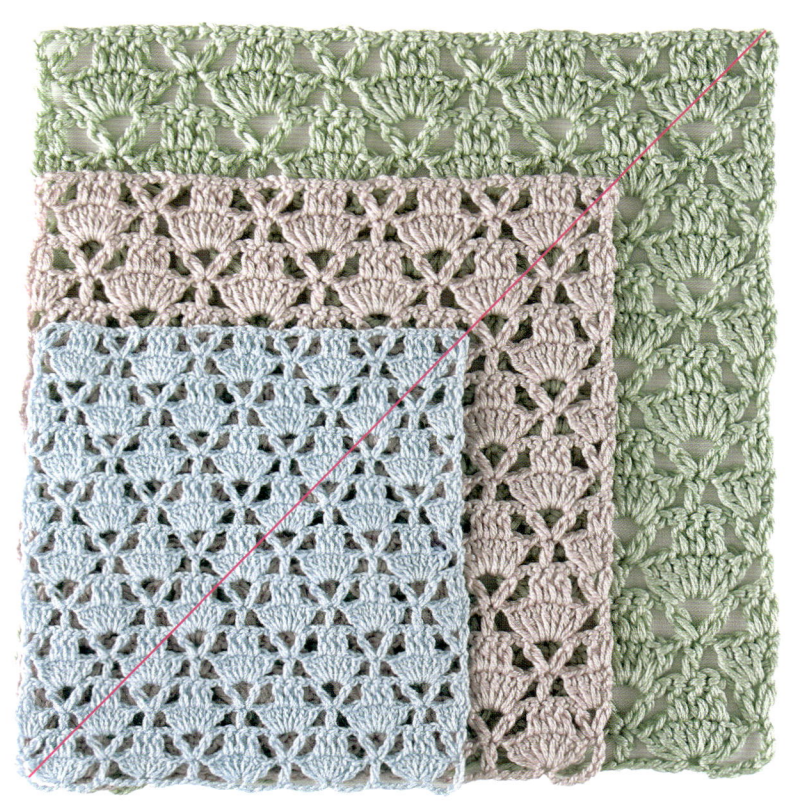

실 … 코튼 합세사
바늘 … 2/0호 코바늘

실 … 코튼 합태사
바늘 … 5/0호 코바늘

실 … 코튼 병태사
바늘 … 7/0호 코바늘

Dividing of Crochet | 코바늘뜨기 작품을 계산하는 법

[코바늘뜨기에 '무늬뜨기 그래프'를 사용하는 법]

코바늘뜨기 무늬는 같은 무늬라면 실 굵기가 달라져도 닮은꼴이므로 '무늬뜨기 그래프'는 어느 실이라도 사용할 수 있습니다. 예시로 민소매 풀오버(→P.72)의 뒤 진동 둘레를 계산해봅시다.

● 무늬뜨기 그래프를 사용하는 순서

무늬뜨기 그래프 위에 트레이싱 페이퍼를 올립니다. 무늬의 시작 위치부터 정합니다. 코바늘뜨기는 뜨개 시작과 뜨개 끝부분이 좌우 대칭이 돼야 합니다. 제도의 중심선이 무늬의 중심이 되게 시작 위치를 정합니다.

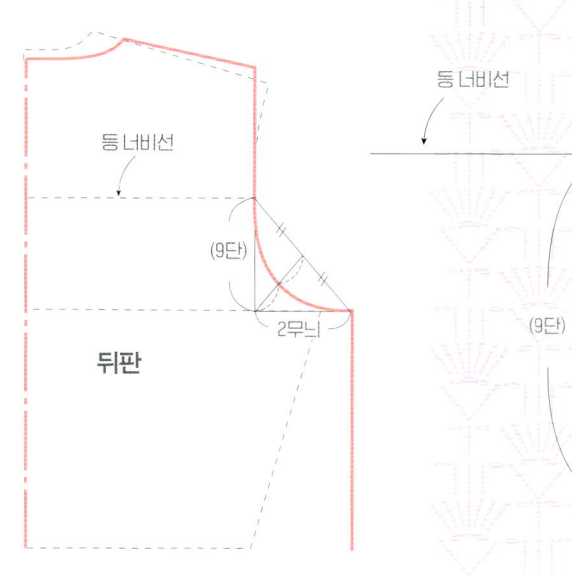

1
계산할 부분의 콧수(무늬뜨기 수)와 단수를 게이지 계산(→P.74)으로 구해서 곡선을 그릴 준비를 합니다. 진동 둘레의 줄임코는 2무늬, 등 너비선까지 9단입니다. 등 너비선과 옆선을 연결해 안내선을 그어 이등분한 다음 그 위치에서 진동 둘레 시작점의 선과 등 너비선에서 내려온 선의 교차점에 선을 긋고 그 중심을 구합니다.

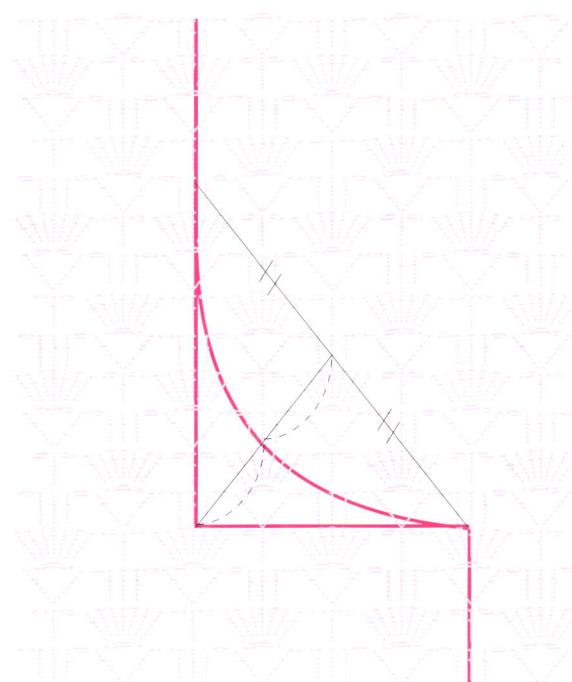

2
1에서 구한 중심점을 지나도록 등 너비선에서 옆선을 향해 곡선을 그립니다.

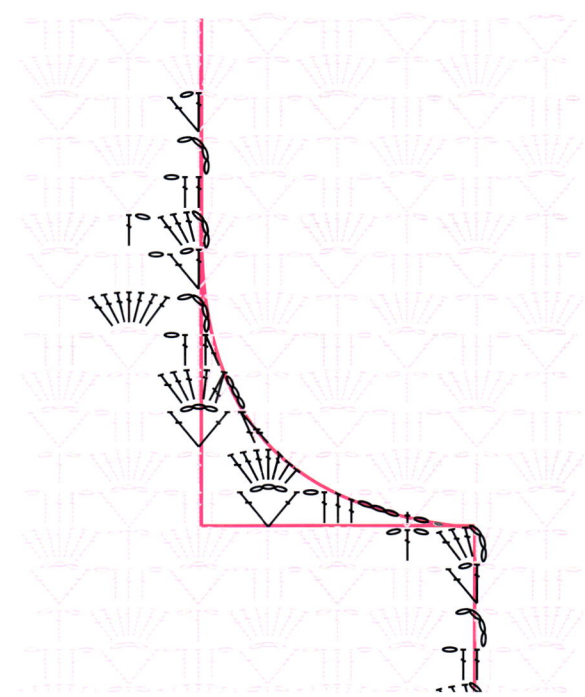

3
곡선을 따라 코바늘뜨기 무늬를 바꿔 그립니다.

외워두면 좋은 코바늘뜨기 계산법

코바늘뜨기를 계산하기 위해 작품 제도의 사선과 곡선에 맞춰 외곽선의 가장자리 코를 바꿔 그립니다.
그 외곽선을 매끄럽고 아름답게 계산하기 위해 외워두면 좋은 5가지 포인트를 설명합니다.

POINT 1 코의 높이를 파악한다

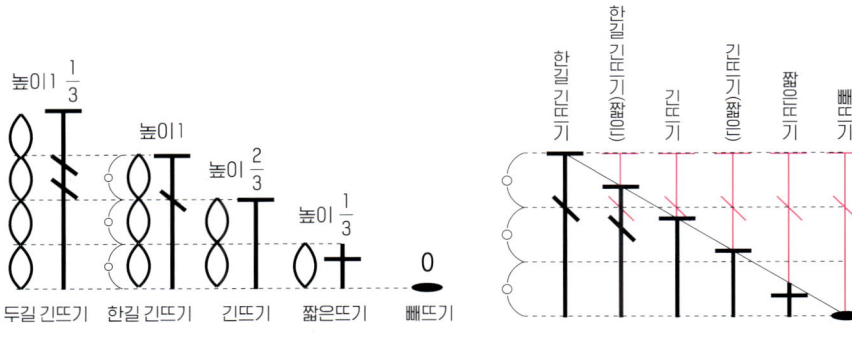

왼쪽은 뜨개코의 빼뜨기부터 두길 긴뜨기의 높이를 비교한 그림입니다. 사용 빈도가 높은 한길 긴뜨기의 높이를 1이라고 가정하면 긴뜨기는 ⅔, 짧은뜨기는 ⅓ 높이가 됩니다. 기둥코인 사슬뜨기의 콧수는 짧은뜨기 높이에서는 사슬뜨기 1코, 긴뜨기는 2코, 한길 긴뜨기는 3코이고 한길 긴뜨기 이상은 실을 감는 횟수가 1회 늘어날 때마다 사슬이 1코씩 늘어납니다. 이것은 손뜨개 책에서 뜨개 기호를 한쪽만 표기했을 때 반대쪽 기둥코 사슬의 콧수를 정하는 데 필요한 포인트입니다. 외곽선이 뜨개코 중간에 걸렸을 때는 그 선으로 잘린 높이에 맞는 뜨개코로 바꿔서 그립니다. 또 같은 코라도 장력을 조절해 한길 긴뜨기나 긴뜨기 다리를 짧게 또는 길게 떠서 매끄러운 곡선을 만들 수 있습니다.

POINT 2 실 끝이 위에 있도록 신경 쓴다

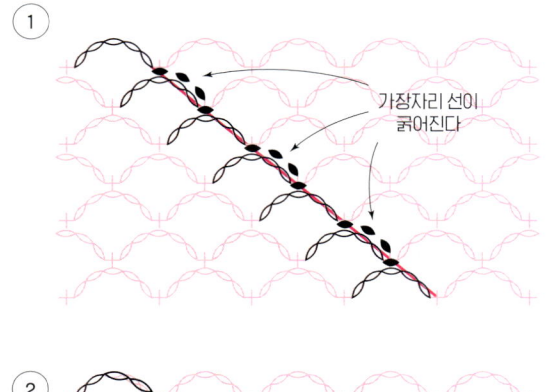

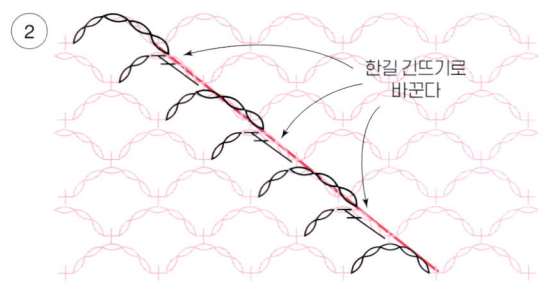

다음 단으로 매끄럽게 옮길 수 있게 뜨개 끝쪽의 실 끝이 뜨개코 위에 있도록 노력합니다. 왼쪽을 예로 들어 설명합니다. 단의 끝부분이 한길 긴뜨기라면 실 끝이 위에 있으므로 다음 단으로 옮기는 데 문제가 없지만, 그물뜨기처럼 사슬뜨기로 코가 내려간 채 끝나면 다음 단으로 진행하려면 사슬코를 따라 빼뜨기해서 올라가야 합니다(①). 이런 경우에는 가장자리 선이 가능한 한 굵어지지 않게 그물뜨기의 사슬코 일부를 한길 긴뜨기로 바꿔 뜹니다(②). 네트 수에 따라 한길 긴뜨기나 긴뜨기로 바꿉니다

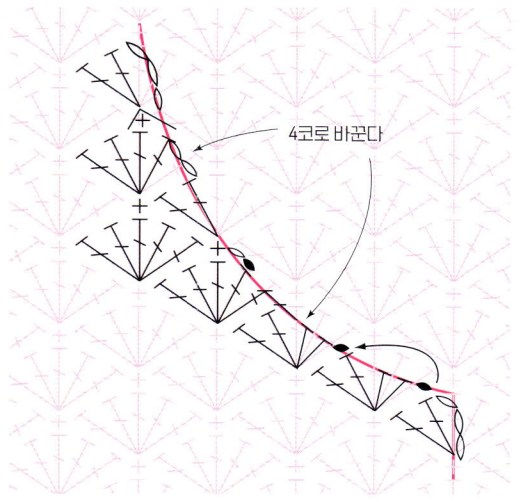

POINT 3 코의 밀도를 줄인다

한곳에서 여러 코를 뜨는 조개뜨기 등은 외곽선에 걸려 무늬가 잘린 곳은 남은 무늬의 면적에 따라 콧수를 줄여서 코의 밀도를 조정합니다. 이럴 때 콧수를 정하는 법은 다른 뜨개코나 사슬과 같은 크기로 기호를 그려보면 그 부분에 몇 코가 들어가는지 알 수 있습니다.

POINT 4 떨어져 있는 뜨개바탕을 연결한다

뜨개바탕에 빈 공간이 많은 무늬는 다음 단과의 경계에도 공간이 생길 수 있습니다. 이럴 때는 공간의 길이에 따라 한길 긴뜨기나 두길 긴뜨기를 넣어서 단과 단을 연결합니다.

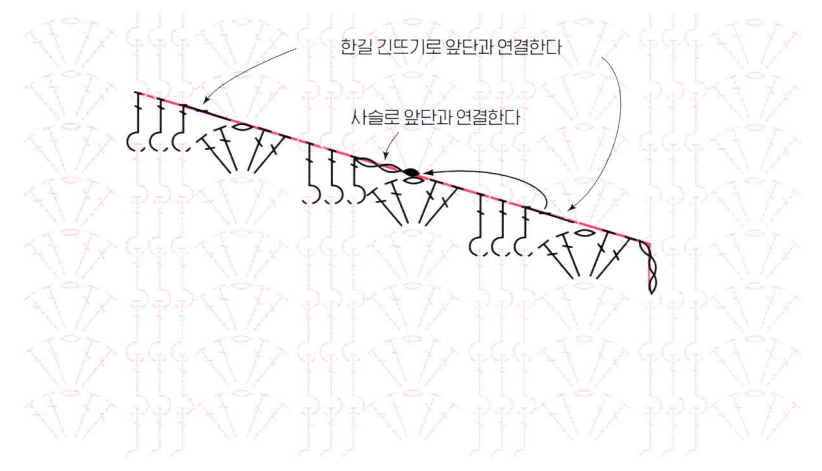

POINT 5 시접을 메우며 뜬다

코바늘뜨기는 시접 코를 더하지 않고 뜨는 것이 일반적입니다. 따라서 윤곽선까지 뜨개코가 약간 모자랄 때 이를 메우지 않으면 가장자리 선이 안으로 들어가 버립니다. 윤곽선보다 안으로 들어가지 않게 가장자리 코를 그리는 법에 주의하세요.

코바늘뜨기 계산을 위한 테크닉

코바늘뜨기 무늬는 닮은꼴이 되는 특징을 살린 '무늬뜨기 그래프'를 사용해 계산한다는 사실을 설명했습니다. 사용하는 실의 게이지에 맞춰 '무늬뜨기 그래프'를 복사기로 확대(축소)하고 실물 크기로 만드는 방법도 있습니다. 이 경우 제도에서 계산하려는 부분의 외곽선을 실물 크기로 트레이싱 페이퍼에 그린 뒤 '무늬뜨기 그래프'에 겹치고, 외곽선을 따라 가장자리 코를 바꿔 그려 계산합니다. 실제로 계산해보겠습니다.

1 준비물은 게이지에 맞춰 실물 크기로 만든 무늬뜨기 그래프, 계산하려는 곡선 부분을 그린 트레이싱 페이퍼, 백지상태의 트레이싱 페이퍼, 연필(샤프), 자, 테이프 등입니다.

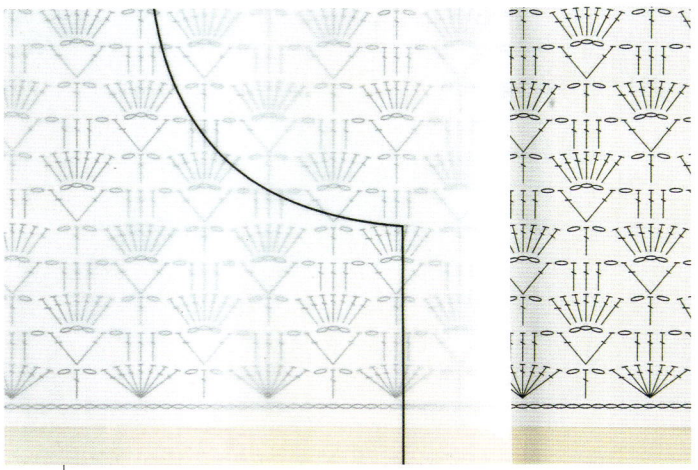

2 무늬의 가장자리 코부터 정합니다. 코바늘뜨기 무늬는 좌우 대칭이 기본이므로 제도의 중심과 무늬의 중심을 맞춰서 배분하고 가장자리 코를 정합니다. 위에 곡선을 그린 트레이싱 페이퍼를 겹칩니다.

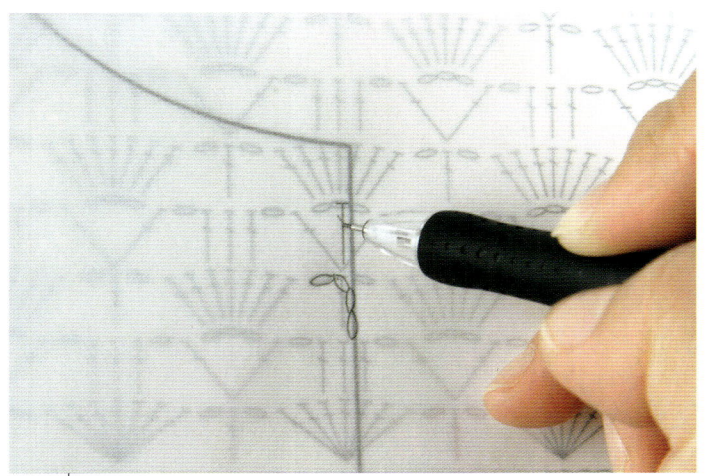

3 다시 그 위에 트레이싱 페이퍼를 겹칩니다. 옆선의 가장자리 코입니다. 옆선에서 3단 아래의 가장자리 코는 한길 긴뜨기입니다. 이 단은 겉단이므로 가장자리의 한길 긴뜨기를 기둥코인 사슬 3코로 바꿉니다. 다음 코인 사슬뜨기를 1코 더했습니다. 다음 단은 사슬 3코의 중앙으로 외곽선이 지나갑니다. 사슬코 1코를 가장자리 코로 하기 위해 한길 긴뜨기로 바꿉니다.

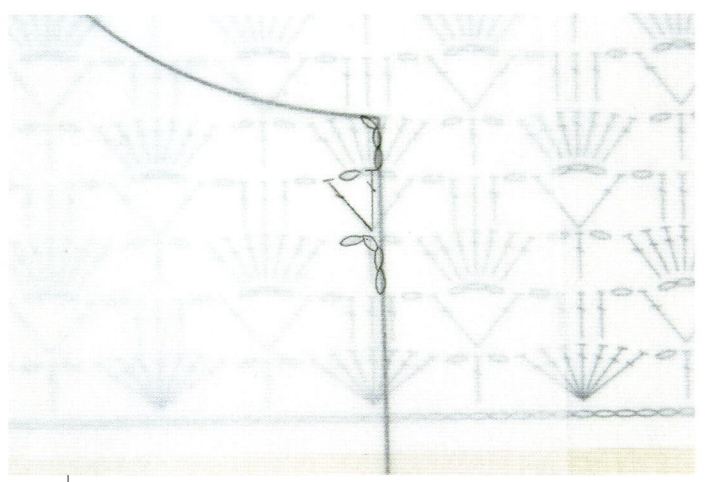

4 다음 단은 7코 조개무늬 중심으로 외곽선이 지나므로 중심의 한길 긴뜨기를 기둥코인 사슬 3코로 바꿉니다. 나머지 한길 긴뜨기 3코를 더합니다.

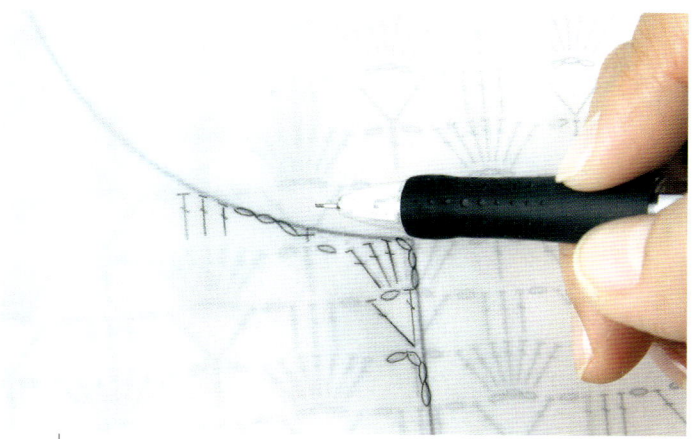 

5 진동 둘레 1단은 안면을 보고 뜨는 단이므로 기호도에서는 왼쪽에서 오른쪽으로 진행합니다. 곡선을 따라 한길 긴뜨기를 3코 그리는데 3번째 코는 약간 짧게 합니다. 그다음에 코가 있는 부분의 높이를 고려해서 짧은뜨기를 1코 그리고, 그사이를 사슬뜨기로 연결합니다. 사슬뜨기는 공간을 고려해 콧수를 정합니다.

6 진동 둘레의 1단 끝은 빼뜨기로 하는데, 그 앞쪽 짧은뜨기와의 사이에 공간이 있으므로 사슬뜨기로 연결합니다. 이 부분은 사슬뜨기 1코 넣었습니다.

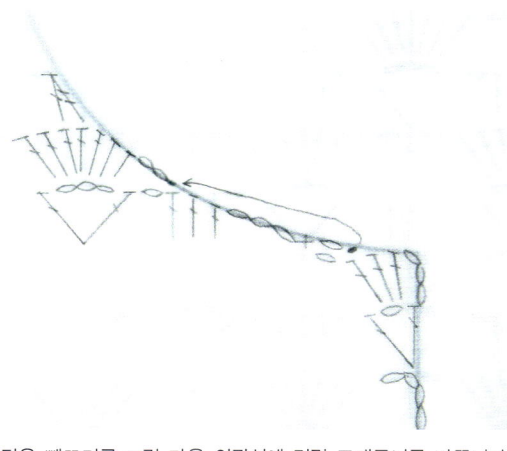 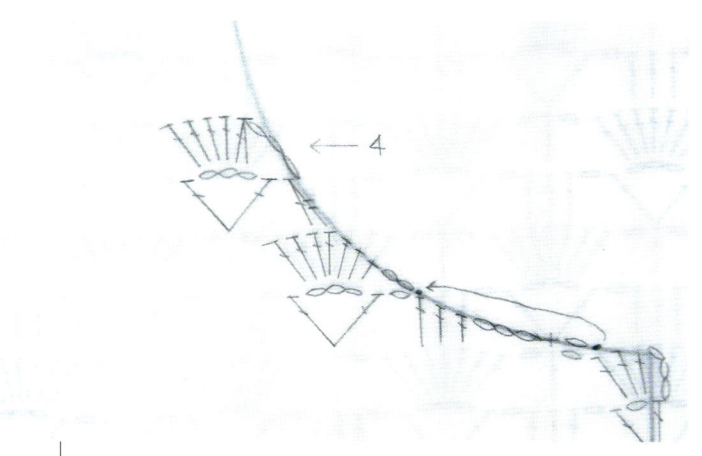

7 진동 둘레 2단은 빼뜨기를 그린 다음 외곽선에 걸린 조개무늬를 바꿉니다. 코의 높이를 고려하면서 2코를 긴뜨기로 바꿔 그립니다. 공간을 고려해 첫 빼뜨기와 조개무늬 사이에 사슬뜨기를 2코 넣어 연결합니다. 진동 둘레 1단과 2단을 화살표로 실의 움직임을 나타내면 언제든지 쉽게 알 수 있습니다.

8 다음 단은 안면을 보고 뜨는 단입니다. 외곽선과 접하는 가장자리 코는 사슬뜨기이므로 한길 긴뜨기로 바꿉니다. 그것만으로는 외곽선과 한길 긴뜨기 사이에 공간이 생기므로 1코 더 추가하는데, 비스듬해서 길이가 필요하므로 두길 긴뜨기를 그립니다. 4단은 기둥코로 사슬 3코, 나머지 조개 무늬가 공간에 들어가도록 바꿔 그립니다.

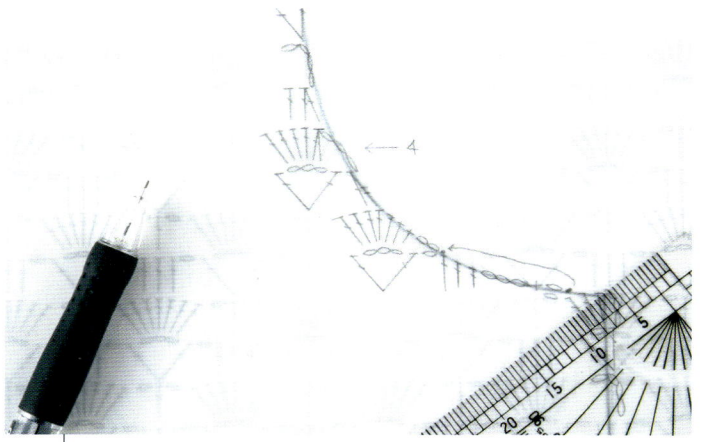 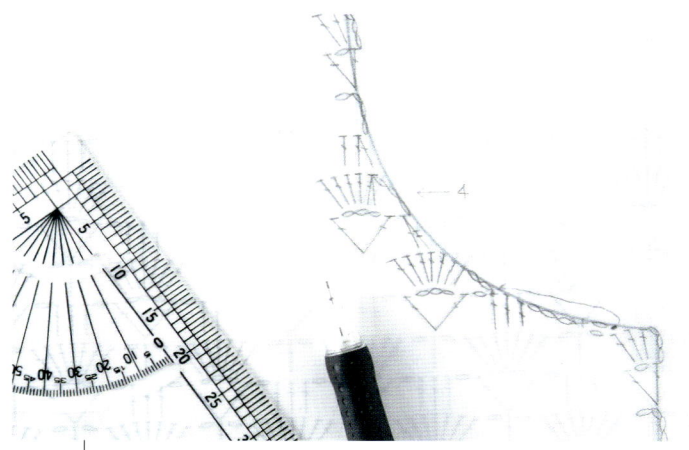

9 5단 이후에도 같은 요령으로 무늬를 바꿔 그립니다.

10 뒤 진동 둘레의 곡선을 완성했습니다.

민소매 풀오버 뒤판

진동 둘레 각 단의 좌우 기둥코를 어떻게 바꾸는지 보세요. 어깨 경사와 뒤 목둘레 코의 변화도 참고합니다.

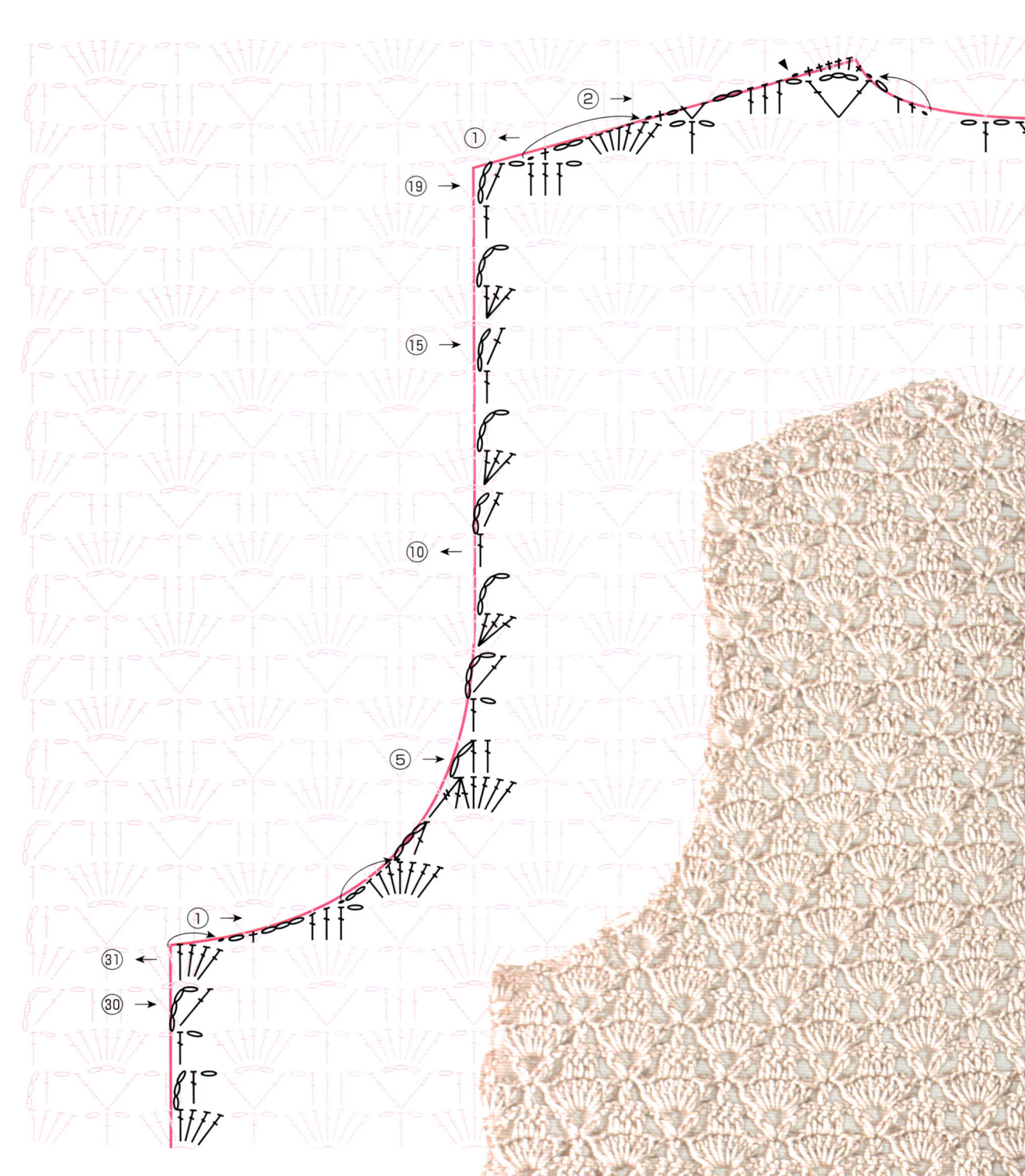

Dividing of Crochet | 코바늘뜨기 작품을 계산하는 법

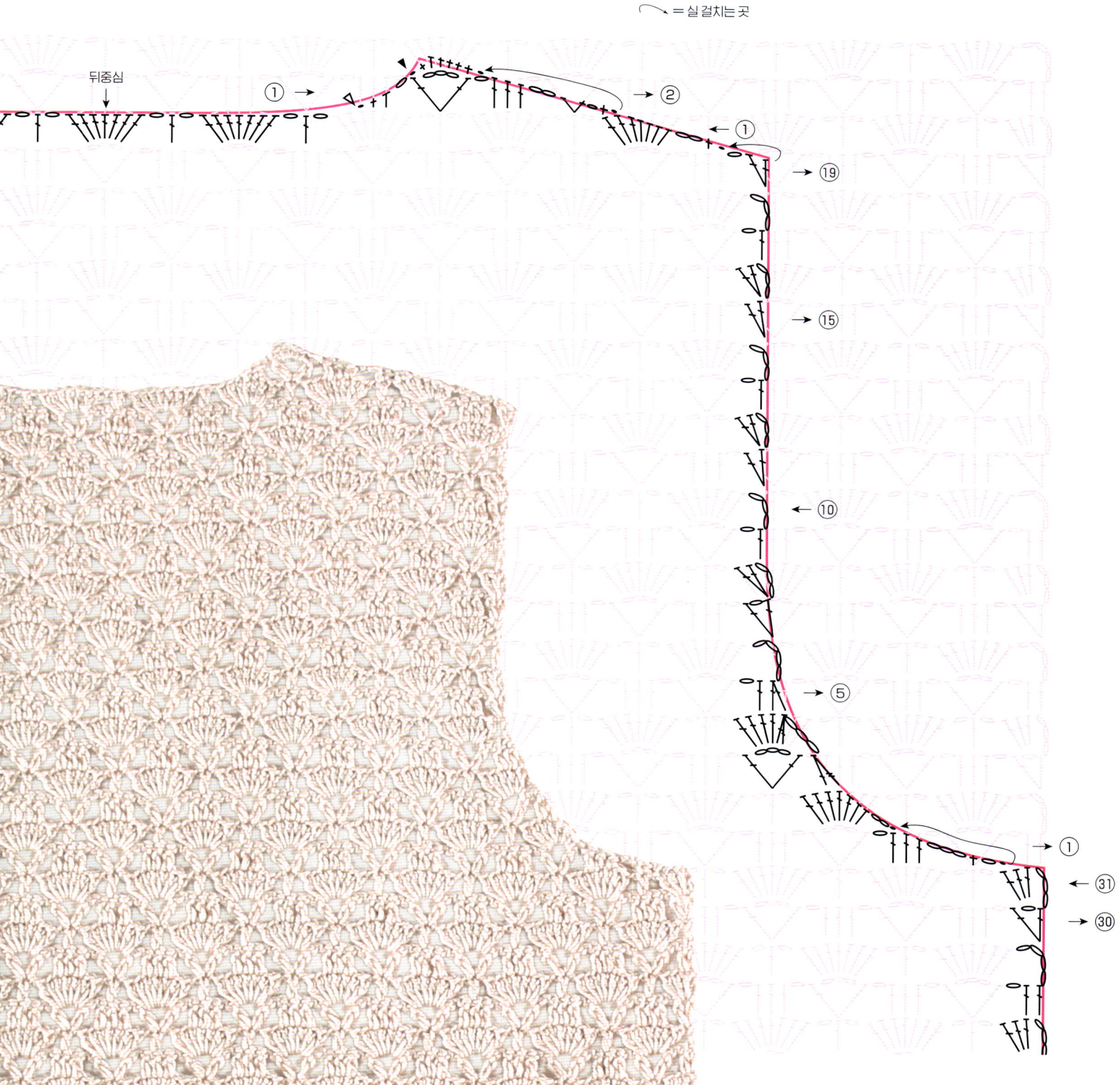

83

민소매 풀오버 앞판

진동 둘레는 뒤판과 달리 깊이 파입니다. 앞 목둘레의 곡선도 매끄러워지게 계산합니다.

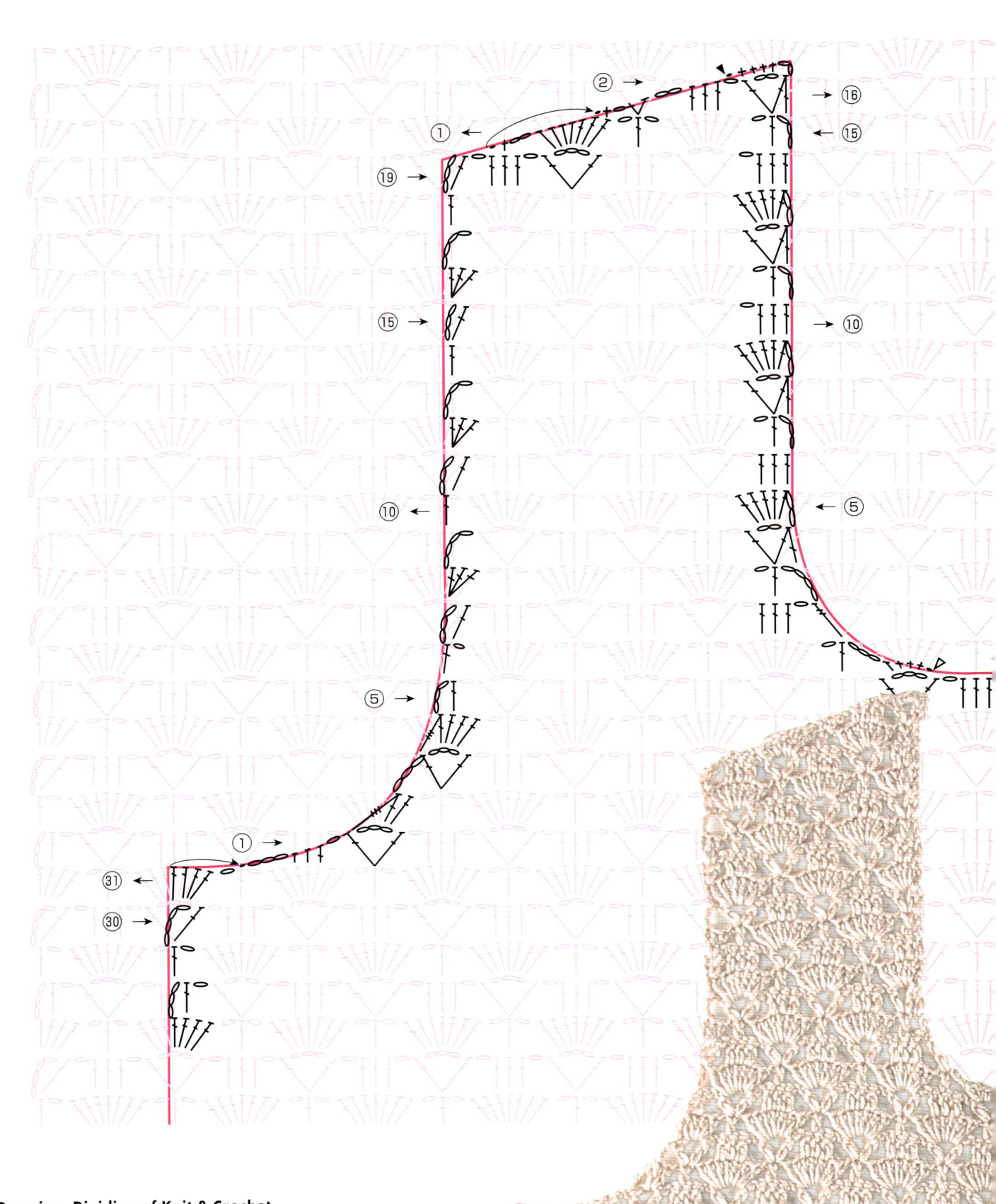

Dividing of Crochet | 코바늘뜨기 작품을 계산하는 법

▷ = 실 잇는 위치
▶ = 실 자르는 위치
⌒ = 실 걸치는 곳

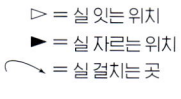

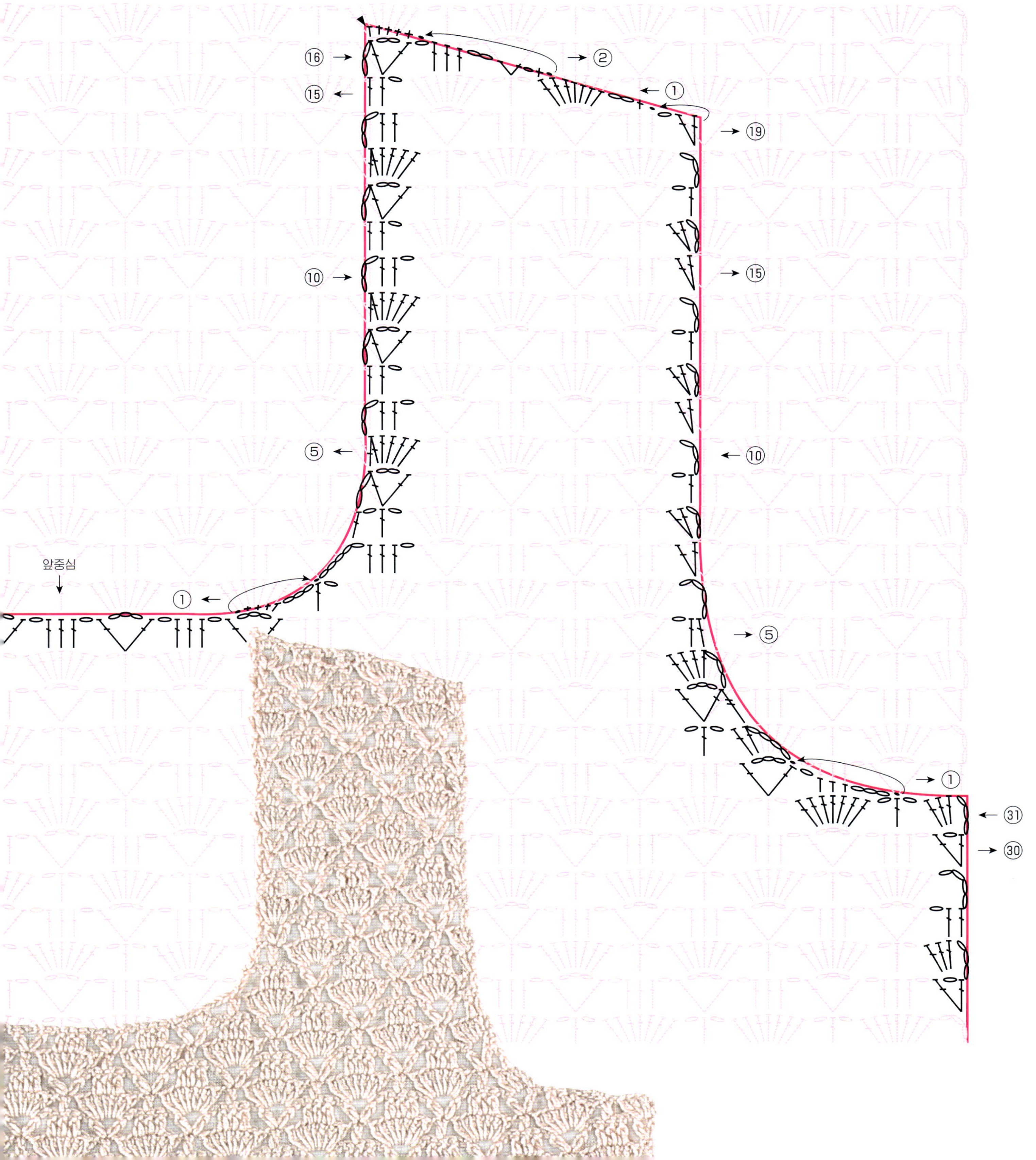

코를 주워 테두리뜨기를 해보자

밑단과 목둘레, 진동 둘레에 테두리뜨기를 균형 있게 하기 위해 테두리뜨기의 게이지(→P74)는 반드시 내야 합니다. 테두리뜨기는 단수가 적어서 가로로 길어지지만, 길이는 15cm 이상, 단수는 테두리뜨기의 모든 단을 뜹니다. 스팀다리미로 스팀을 충분히 쐬어주면서 다리고 뜨개바탕이 안정된 다음 게이지를 측정합니다. 이 작품은 3단이 1cm, 10cm 24코입니다.

※ 사이즈가 다른 녹색 편물의 계산법은 p.68를 참고합니다.

균형 있게 코 줍는 법

각각의 부분을 몇 등분해 표시한 다음 줍는 콧수도 같은 수로 나눠서 좁은 범위부터 주워야 균형 있게 코를 주울 수 있습니다.

테두리뜨기의 게이지를 냅니다.

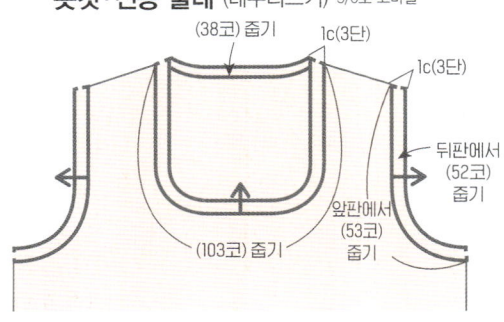

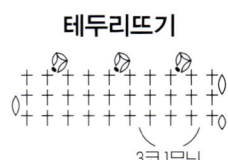

목둘레의 테두리뜨기

테두리뜨기의 코를 균형 있게 줍는 법

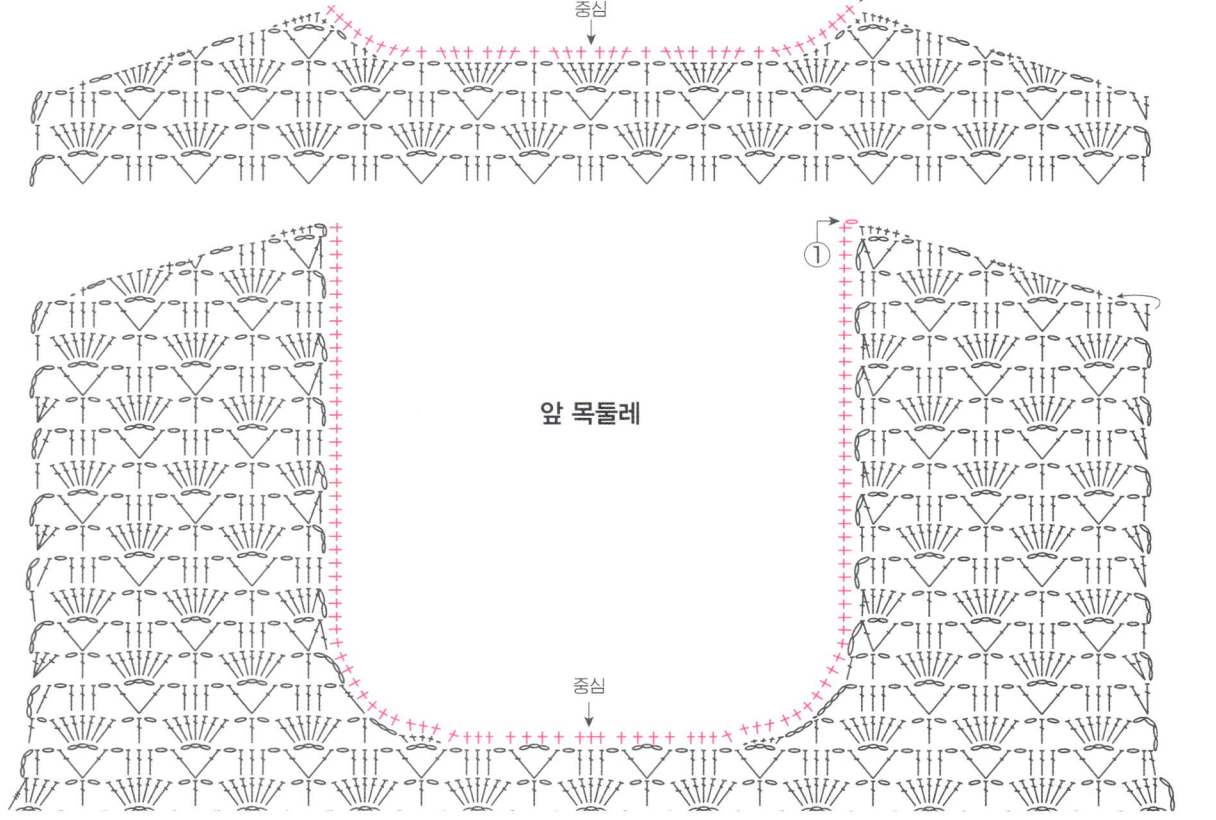

Dividing of Crochet | 코바늘뜨기 작품을 계산하는 법

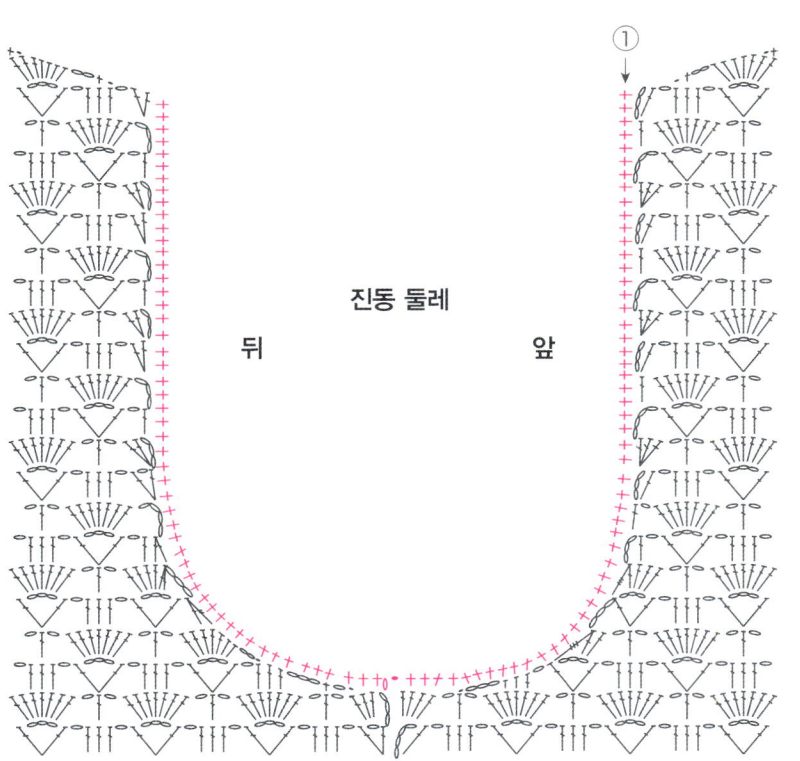

뒤　진동 둘레　앞

진동 둘레의 테두리뜨기

코바늘뜨기로 민소매 풀오버를 완성!

목둘레와 진동 둘레의 자연스러운 곡선을 그리는 계산과 균형 있는 테두리뜨기 등은 제각각 니트의 완성도를 높이는 요소입니다. 여름에는 이너와 함께 이 민소매 풀오버 하나만 착용하고 봄에는 블라우스와 매치해 베스트로, 소재와 색깔을 바꿔 일 년 내내 입을 수 있는 니트로 즐겨보세요.

87

"ZOHOKAITEIBAN AMIMONONO KANTANNA SIZE CHOSEI TO SEIZU TO WARIDASHI NO KISO"
(NV70542) by NIHON VOGUE Corp.
Copyright © NIHON VOGUE-SHA 2019
All rights reserved.
First published in Japan in 2019 by NIHON VOGUE Corp.
Photographer: Nobuo Suzuki, Kana Watanabe
This Korean edition is published by arrangement with NIHON VOGUE Corp., Tokyo
in care of Tuttle-Mori Agency, Inc., Tokyo, through Botong Agency, Seoul.

이 책의 한국어판 저작권은 Botong Agency를 통한 저작권자와의 독점 계약으로 한스미디어가 소유합니다.
신 저작권법에 의하여 한국 내에서 보호를 받는 저작물이므로 무단전재와 무단복제를 금합니다.

[Staff]
촬영/스즈키 노부오, 와타나베 가나
북디자인/데라야마 후미에
작품 제작/오하라 도미코, 이마이즈미 후미코, 스토 데루요
제판원고/기타하라 유코, 다카하시 레이코, 나카무라 요코, 고바야시 미호
편집 협력/구리하라 지에코
편집/소가 게이코

[재료 협력]
하마나카 주식회사

쉽게 배우는
뜨개 도안의 기초

1판 1쇄 발행 | 2024년 4월 18일
1판 2쇄 발행 | 2024년 10월 30일

지은이 일본보그사 편
옮긴이 배혜영
펴낸이 김기옥

실용본부장 박재성
편집 실용2팀 이나리, 장윤선
마케터 이지수
지원 고광현, 김형식

디자인 푸른나무디자인
인쇄·제본 민언프린텍

펴낸곳 한스미디어(한즈미디어(주))
주소 04037 서울시 마포구 양화로 11길 13(서교동, 강원빌딩 5층)
전화 02-707-0337 | **팩스** 02-707-0198 | **홈페이지** www.hansmedia.com
출판신고번호 제 313-2003-227호 | **신고일자** 2003년 6월 25일

ISBN 979-11-93712-25-2 (13590)

책값은 뒤표지에 있습니다.
잘못 만들어진 책은 구입하신 서점에서 교환해 드립니다.
이 책에 게재되어 있는 작품을 복제하여 판매하는 것은 금지되어 있습니다.